JN023761

世の中の
見方が変わる
経済学 ──常識のワナに陥らないために──

小峰隆夫

東京書籍

2人の孫娘に

世の中の見方が変わる

経済学

―常識のワナに陥らないために―

東京書籍

まえがき

　この本は、経済の基本をできるだけわかりやすく説明し、その基本を知るだけで世の中の見方がいかに変わるかを書いたものです。

　もちろん、できるだけ多くの方々に読んで欲しいと思いますが、私はこの本を、特にこれからの日本の経済社会を生きる若い人たちに読んで欲しいと思いながら書いてきました。本書の初めに「2人の孫娘に」という言葉を入れたのは、私たちの世代の次の世代、次の次の世代の人たちが、私たちの世代よりも、より平和で幸せな生活を送って欲しいという願いを込めてのことです。

　私は大学で経済学を勉強した後、約50年にもわたって日本の経済を観察し続けてきました。その前半は、政府の中で経済情勢、経済政策を分析し、後半は大学で教鞭をとってきました。こうして長い間経済学を勉強し、経済を観察してきたのは、何よりもそれが面白かったからです。私が面白いと感じたのは次のような点です。

　1つは、経済というものは意外性に満ちているということです。まず、経済にはまったく思いもよらないことが起き、それによって経済が大きく動くということがあります。私が経済を観測し始めてからも、固定相場制から変動相場制への移行（1973年）、石油価格が急騰するという2次にわたる石油危機（1973年と1979年）、地価や株価が大幅に上昇するというバブ

ルの発生とその崩壊（1980年代後半から1990年代前半）、アメリカの大手金融機関の破綻が世界経済に大きな影響を及ぼしたリーマンショック（2008年）、そしてごく最近では、新型コロナウィルスの影響などがあります。こうした意外なできごとに直面すると、私は「これによって日本経済はどうなるのか」「これに対して経済政策はどう対応すべきか」と考え、そのたびに新しい知見や教訓を得ることができました。

　2つ目は、経済を勉強し、経済の実態をデータで知るようになると、他の人が見えない世界が見えるようになるということです。簡単に言うと、経済を勉強した人は、勉強していない人には見えない景色が見えるのです。考えてみれば、勉強しても同じ景色しか見えないのであれば、そもそも経済学を勉強する意味はないとも言えそうです。

　3つ目は、役に立つということです。これにはいろいろな役に立ち方があります。例えば、選挙などを通じて政党を選ぶとき、仕事の企画を練るうえで経済や社会の動きを知っておく必要が出たとき、自分の人生設計を考えるとき、経済の知識は役に立つはずです。さらに最近では、経済学の知識を「実装して」、現実の値段のつけ方や人事の配置をより適切なものにしたり、ちょっとした表現の差で人々の行動を変えたりという、実践的な分野でも経済学が役立つようになってきています。

　これから経済を勉強しようとする若い人たちに、こうした「経済学を勉強し、経済を知る」ことの面白さを伝えたいというのが本書のねらいです。幸いにして、私は毎年、大学受験予備校

の早稲田塾で高校生を相手に、経済学の基礎を講義する機会をいただいています。この講義は、できるだけ双方向で行っており、私が課題を出して受講生に答えを考えてもらったり、受講生からの質問に答えたりしており、最後にはプレゼンテーション大会を行って、優秀者に賞品（私の著書ですが）を出したりしています。本書はこの講義に基づいて執筆されています。参加した高校生たちからの質問や彼ら、彼女らとのディスカッションも本書の中に取り入れられています。

　本書の構成は次のようになっています。
　第1章「経済学の基礎の基礎から世の中を見てみると」は、タイトルの通り、経済学の基本的な考え方を述べたものです。その考え方を知ることにより、どんな面白い考えが導かれるのかを、できるだけ具体的に示すようにしました。
　第2章「経済学は役に立つ」では、実際に経済学を学ぶとどんないいことがあるのかを、私の実体験に沿って、できるだけ具体的に説明します。私が学生時代に学んだ経済学も、かなり役に立ちましたが、最近盛んになってきた行動経済学などの新しい分野の経済学の領域を学ぶことは、もっと実践的に役に立ちそうです。
　第3章「幸せのための経済政策」は、政策の力で経済の姿をより望ましいものにするためにはどうすればいいかを考えています。経済学の究極の目標は、限られた資源をできるだけうまく活用することによって、私たちをできるだけ幸せにすることです。だからといって、政府が人々の生活に立ち入ってくるの

は、あまり愉快ではありませんし、政府が人々が喜ぶようにとお金を配って回っても、経済が良くなるわけではありません。長い目で見て、人々ができるだけ幸せになるような政策のあり方を考えます。

第4章「どうなる、これからの働き方」は、多くの人が強い関心を持っている「働く」ということを考えます。自分の能力にあった仕事を持つことは、人生にとって大変重要なことです。その働き方が大きく変わろうとしているのです。私なりにその変化の方向を考えてみました。

第5章「世界の中で生きる日本」は、国際的な問題を取り上げています。日本が世界とのつながりを通じて発展してきたことは誰もが知っているでしょう。日本は食料やエネルギーの多くを輸入に頼っていますが、輸出を通じて業績を拡大してきた企業もたくさんあります。しかし、重要だと考えているわりには、国際経済については一般の常識的な考えと経済学的な考えは食い違っていることが多いのです。日本がこれからも世界経済との結びつきを強めながら発展していくためには、国際経済についての正しい考えを身につけておく必要があると思います。

第6章「人口問題を考える」は、長い目で見たときの日本経済の最重要の課題である人口問題を取り上げます。これも特に、これから社会に出て、家族を持ち、多くの人生のイベントを経験しようとしている若い人たちは、強い関心があるでしょう。日本の人口はなぜ減少し続けているのか、それは日本の経済社会にどう影響してくるのかを考えます。

なお、最初にお断りしておきますが、本書で述べていること
は、あくまでも「私の考え」であって、世の中の経済学者やエ
コノミストが必ずしも同意するとは限りません。世の中で常識
と考えられていることとも大きく異なっているかもしれませ
ん。特に現実の経済政策に関わる分野では、いろいろな議論が
あります。物理や化学のように、実験によって誰もが納得する
結論を出すことが難しいことがその1つの理由です。すると、
教科書に書いてあることやテレビのニュースで報じられている
内容についても必ずしも正しいとは限らないということになり
ます。常識的な議論、多数派の議論に惑わされず、自分なりの
考え方を持つことは、経済学を学ぶ1つの醍醐味だと私は考え
ています。

2023年5月
小峰隆夫

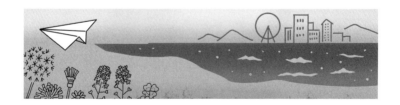

も自分でやったほうがいいわけではない、③２国間の貿易収支にはほとんど意味がない

第6章

人口問題を考える ……………………………………163

第 1 章

経済学の基礎の基礎から
世の中を見てみると

この章では、経済学の基礎中の基礎とも言える考え方を紹介し、それが現実の問題とどう関係しているかを考えてみます。読者の皆さんには、ごく基本的な経済学の知識を知るだけで、世の中のできごとについての受け止め方が随分変わるのだということを知って欲しいと思います。

　経済学の教科書には、経済学のエッセンスをいくつかの項目にまとめて紹介しているものがたくさんあります。このエッセンスとして何を取り上げるかは、その本を書いた経済学者によって異なります。例えば、大学で教科書としてよく使われているマンキューの『マンキュー経済学』（＊1）では、冒頭で「経済学の十大原理」が登場しますし、アセモグル、レイブソン、リストの『ALL 入門経済学』（＊2）では、「経済学のアプローチにおける三つの原理」が紹介されています。「まえがき」で述べたように、経済学には多様な考え方があるのですからこれは当然のことだと思います。

　私が特に重要だと考えている経済学のエッセンスとは、次の5つです。

　①「市場の作用が経済の動きを調整している」
　②「人々はさまざまなインセンティブに応じて行動している」
　③「時には政府が政策的に介入したほうが人々は幸せになる」
　④「費用として重要なのは『機会費用』である」
　⑤「物事の影響はできるだけ先の先まで考えた方がいい」
　順を追って紹介しましょう。

＊1 『マンキュー経済学Ⅰミクロ編 [第 4 版]』『マンキュー経済学Ⅱマクロ編 [第 4 版]』N・グレゴリー・マンキュー（著）、足立英之ほか（翻訳）（東洋経済新報社、2019 年）。
＊2 『ALL 入門経済学』ダロン・アセモグル、デヴィッド・レイブソン、ジョン・リスト（著）、岩本康志（監修・翻訳）、岩本千晴（翻訳）（東洋経済新報社、2020 年）。

市場の作用が経済の動きを調整している
（第1の原理）

▌2つの経済学

経済学には、経済全体の拡大テンポ、物価や雇用の動きなど、経済全体の活動を分析する「マクロ経済学」と、個々の家計や企業の動きを解明しようとする「ミクロ経済学」があります。ミクロ経済学では、家計が自分たちの効用（満足度）を最大にしようとして消費活動を行い、企業は自分たちの利益を最大にしようとして生産活動を行えば、購入する量（需要）と生産する量（供給）が、価格によって調整され、結果的に生産力を最大限に生かせるような経済が実現するというストーリーを描き出します。これは、いくつかの厳密な仮定を置いたうえで、数学的に厳密に組み立てられています。

▌私の一生を決めたミクロ経済学

今から50年以上前の話ですが、私は大学で根岸隆先生（＊3）にこのミクロ経済学の講義を受け、その論理体系のあまりの美しさにすっかり魅了されてしまいました。私が大学で受けた全講義の中で、その内容を最もよく理解でき、かつ感銘を受けた

＊3【根岸隆（1933年～）】日本を代表する経済学者。東京大学名誉教授。日本学術会議会員、日本学士院会員。2006年に文化功労者、2014年に文化勲章を受章。『経済学史24の謎』（有斐閣、2004年）、『一般均衡論から経済学史へ』（ミネルヴァ書房、2011年）など著書多数。

のがこの授業でした。

　そして、根岸先生の講義は私の人生を変えることになったのです。どういうことなのか。関心のある人は、注4に示した私のエッセイを読んでください（誰でも無料で読めます）。

「市場」は自由で効率的

　さて、このミクロ経済学については、「いろいろな条件が揃った場合の理論上のもので、現実には、市場がそれほどうまく作用するわけではない」と受け取られることがあります。確かにそうとも言えるのですが、私は現実の経済の7〜8割は、このミクロ経済学の教えのように動いていると考えています。

　例えば、次のような例を考えてみてください。

　皆さんはコンビニや自販機でペットボトル入りの好みの飲み物を、手ごろな値段（価格）で手に入れることができます。では、このペットボトルの飲み物を、毎日何本生産して、どこのお店に何本届け、それをいくらで売るかということを誰かが決めているのでしょうか。誰も決めていないのです。企業（生産者）は、売れそうな飲み物をそれなりの値段を自由につけて販売できます。皆さん（消費者）は、好きなだけそれを買う（消費する）ことができ、値段が高すぎると思えば買わなくてもいいのです。つまり、ミクロ経済学の理論が示すように、企業は利益を高めようと考え、消費者は満足度を高めようと思って、それぞれが

*4　公益社団法人日本経済研究センター「コラム・小峰隆夫の私が見てきた日本経済史【番外編】根岸隆先生の叙勲から経済学教育を考える（2014年11月）」。https://www.jcer.or.jp/j-column/column-komine/20141113.html。

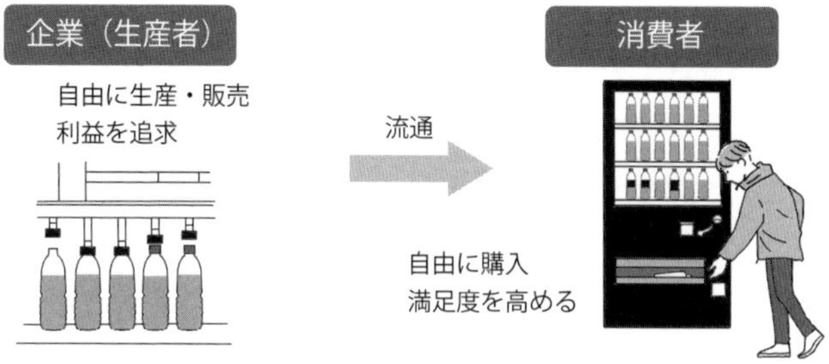

図 1-1　市場は自由で効率的

勝手に行動すれば、適当なペットボトル飲料が適当な値段で、お店に並ぶのです。（図1-1）

　私たちの身の回りの商品やサービスはどれもが、同じような仕組みで生産され、消費されています。服、雑貨、ラーメンなどなど、いずれも基本的にはつくりたい人がつくって、買いたい人が買っているのです。これがまさに「市場の力」であり、ミクロ経済学の教科書が教えている市場の役割は、現実に経済を動かしているのです。

　この市場の作用について、私が一番気に入っているのは「自由だ」ということです。日本では、基本的には誰もが自由に経済活動を行っています。学生の皆さんがどこに就職しても自由、工夫次第で新製品を開発して大儲けするのも自由、得た所得を何に使っても自由だし、使わずに貯金しておくのも自由です。こうして自由な経済活動をもとに経済が円滑に動いているのは、市場の作用があるからです。「市場」とは自由で効率的なものなのです。私はこんなにうまい仕組みはないと思っています。

2 人々はさまざまなインセンティブに応じて行動している（第2の原理）

▌「自分がより幸せになる」ために

　経済の世界に限らず、多くの人々は何らかのインセンティブ（誘因）に基づいて行動しています。簡単に言えば、人々は「自分がどのように行動すれば、自分にメリットがあるか」を考えて、行動するかしないかを選択しているといえます。

　これは至極当然のことです。誰でも、ある行動をするのは、しないよりはしたほうがいいと思うからです。同じようなアルバイト先があったとき、内容にあまり差がないのであれば、時間当たりの報酬が多いほうのアルバイト先を選ぶはずです。それは、報酬を高くすることが、人々がその仕事をしたいというインセンティブを与えているからです。

　これは経済的な損得に限ったことではありません。私は、経済学とは、「資金、人手、資源などが限られている中で、どうすれば最大限、人々を幸せにできるのかを考える学問」だと思っています。したがって、「自分にメリットがある」ということを「自分がより幸せになる」と置き換えればいいのです。例えば、東日本大震災のような災害があったとき、多くの人は進んで寄付をしたり、ボランティア活動に参加したりしますが、それは、寄付したほうが、しないよりは自分がより幸せな気持ちになれるからです。つまり、ここでも幸せ度を大きくするとい

うインセンティブが作用しているのだと考えることができるのです。

　ここで、「インセンティブ」について高校生たちと交わした議論を再現してみましょう。

　高校生との対話

質　問　　ある美しい山があったとします。この山は登山愛好者に人気があり、たくさんの人がやってきます。ところが登山者の中には持参してきたペットボトルを途中の山道で捨ててきてしまう人がおり、関係者が困っています。ペットボトルのポイ捨てを防ぐ何かうまい解決法を考えてください。

回答Ａ　　「ペットボトルを捨てないでください」というポスターを張ります。

回答Ｂ　　監視員を置いたらどうでしょうか？

回答Ｃ　　入山の際に料金を徴収して、その資金を元にペットボトルを回収する人を雇ってはどうでしょうか？

回答Ｄ　　「ペットボトル・ポイ捨て禁止条例」の制定が一番効果的だと思います。

　インセンティブを活用すると、次のような方策が考えられます。

　まず、入山の際に、ペットボトルを持ち込んできた人から、1本当たり100円を徴収します。そして、ペットボトルを持ち帰った人には、100円を返すのです。すると、持ち帰ると100円損しないで済むというインセンティブが働きますから、持ち帰る人が増えるでしょう。

　それでも捨てる人が出るかもしれませんが、その場合は、その捨てたペットボトルを回収して儲けてやろうという人が現れるはずです。ペットボトルを持ち帰った登山者は払ったお金は戻ってくるので、損得はありません。山の環境を守ろうという関係者にも、あまり費用は掛かりません。入り口に100円を受け取ったり、払ったりする人を配置するだけですから、人手もかかりません。

　さらに、この解決策を私が気に入っているのは、「公平だ」ということです。例えば、ポスターでポイ捨てを呼びかけたとしましょう。このとき、心がけの良い人は手間をかけてでも、ペットボトルを持ち帰りますが、心がけの悪い人は捨ててきます。すると、心がけの良い人だけが、手間をかけるというコストを払うことになります。これは不公平です。

　入山の際に料金を徴収することも考えられますが、今度はペットボトルを持っていない人も回収のコストを払うことになり、これも不公平です。自発的な行動を通じて社会的な問題を解決する。これがインセンティブをうまく使った方策の醍醐味ですね。

時には政府が政策的に介入したほうが人々は幸せになる（第3の原理）

▌政府が介入するのは例外

　先ほど紹介した経済の第一の原理として、人々が自分のやりたいことをやるのが、結局は一番いいのだということを説明しました。かと言って、何でも自由にさせておけばうまくいくというわけではありません。物事によっては、規則をつくって行動を制限したり、政府が介入したりしたほうがいいこともたくさんあります。

　ただし、注意していただきたいのは、経済学者は、自由な活動が原則で、自由を制限するのは例外だと考えるということです。別の表現をすれば、規則をつくったり政府が介入したりする場合には、「なぜ自由ではいけないのか」という理由を明確にしておく必要があるのです。

　では、経済学では、どんな場合に自由を制約して政府が介入すべきだと考えるのでしょうか。その理由としてはいろいろあるのですが、ここでは代表的な理由を2つ指摘しておきます。

▌「公共財」について

　その第1は、「公共財」を提供する場合です。「公共財」とは、経済学で使われる用語ですが、「政府が提供すべき財（リービス）」ということではありません。しばしば政府が提供するサー

ビスとして「公共サービス」という言葉が使われますが、多くの人は、「公共サービス」とは「日々の生活に必要な生活の基盤となるサービス」だと漠然と考えているのではないでしょうか。確かに、水道、電気、ガスなどの「公共サービス」は生活の基盤として不可欠のものです。しかし、生活に不可欠という点では、「衣食住」も同じことですが、着るものも、食べるものも、住む家も、普通は自由な取引を通じて手に入れています。「必要不可欠なものだから政府が提供すべきだ」とは言えないのです。

　公共財については、政府が提供しているサービスについて、なぜ政府が提供すべきなのかを考えたほうがわかりやすいでしょう。

▊公共財の事例

　例えば、公共財の1つである一般の道路は、国や地方公共団体が建設・整備していますが、それは、民間企業に道路の建設を任せていると、誰も道路をつくらないからです。なぜかと言えば、道路を通る人や車から料金を徴収することが難しいからです。そもそも一般の道路は、多くの人々が自由に通行できてこそ存在意義があるわけですから、通行する人や車から料金を徴収することはできないのです。公園についても同じように考えることができます。

　警察も公共サービスの1つです。警察は、住民の安全を守るというサービスを提供しているわけですが、警察の代わりに住民がお金を出し合って地域ごとにガードマンを雇うこともでき

るかもしれません。

　しかし、そうすると具合が悪いことが起きます。ガードマンはその地域全体を守ることになりますから、自動的にその地域の住民全員の安全が守られることになるからです。つまり、「私は自分で自分の身を守るから、ガードマンは必要ない。だからお金は出さない」という人がいたとしても、その人も守ってしまうということです。つまり、コストを払わずにガードマンが提供する安全確保というサービスに「ただ乗り」する人（「フリーライダー」と言います）が出るということです。「ただ乗り」ができるのであれば、誰もガードマンを雇おうとはしないので、地域の安全を守るためには警察という「公共サービス」が必要になるのです。消防についても同じように考えることができます。

　つまり、人々が欲しているにもかかわらず、一般の道路や公園のように、対価を徴収できなかったり、警察や消防のようにただ乗りする人を防げなかったりするようなものは、民間企業では供給できないので、政府が税金を使ってサービスを提供しているというわけです。

▎外部性について

　第2は、外部性の存在です。

　経済学では、経済で活動している主体として、家計、企業、政府、海外の4つを考え、これを「経済主体」と呼びます。そして、それぞれの経済主体が市場を通じて行う取引を「経済活動」と考えます。通常の経済活動の場合は、この取引に直接参

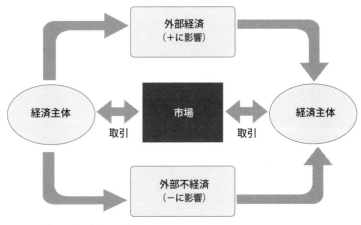

図 1-2 外部経済と外部不経済 (著者作成)

加しない人には何の影響もありません。隣人が8Kテレビを買っても海外旅行に行っても、自分には何の関係もありません。

ところが、取引に直接関係しない人にも影響が及ぶ場合があります。これが「外部性」と呼ばれる現象です。

外部経済と外部不経済

この外部性については、直接関係のない人にプラスの影響が及ぶ場合を「外部経済」と呼び、マイナスの影響が及ぶ場合を「外部不経済」と呼びます (図1-2)。

例えば、ある家庭が花屋さんで球根を買って、垣根沿いに植えてきれいな花を咲かせたとします。それは、その家庭と花屋さんの取引であり、その家庭にプラスであることはもちろんですが、道を通る人もきれいな花を見て幸福感を味わうことがで

きます。つまり、花の取引に関係のない人にまでプラス効果が
及んだわけです。これが「外部経済」です。

　逆の場合もあります。例えば、機械の部品をつくっているB
企業がA機械メーカーと取引をしているとします。B企業の工
場が、製造過程で騒音を発生させているとすると周辺住民は大
変な迷惑をこうむることになります。A機械メーカーと部品製
作を請け負ったB企業との取引には関係していないにもかか
わらず、周辺住民にはマイナス効果が及ぶということです。こ
れが「外部不経済」です。

こうして経済の外部性が存在するときにはどのようなことが起きるのでしょうか。それは、自由な取引に任せていると、外部経済の供給は過少になり、外部不経済の供給は過大になるということです。花屋の例で考えれば、他の人が植えてくれるのであればそれで十分だと考えて花を買わない人が増えてしまうからです。また、部品メーカーにしてみれば、騒音防止装置をつけるためのコストを負担せずに生産したほうがより安くより多くの部品をつくることができるからです。要するに、取引の当事者は、自分たちにとってのプラス・マイナスだけを考慮して取引を行うからです。

外部性に対する処方箋

　では、こうした外部性に対してはどのように対応したらいいでしょうか。これについて経済学は処方箋を示しています。外部経済に対しては、外部経済を生む財の生産者（花屋さん）に政府が補助金を支給するか、その財の税率を低くして購入者（花を買った家庭）の負担を軽くするというやり方があります。つまり、政府が介入したほうが、人々が幸せになる場合があるということです。

　以下、やや過激な話になりますが、現実に即して考えてみましょう。この外部性についての考え方を、今回の新型コロナ感染症（以下、「新型コロナ」）に応用してみるのです。

新型コロナで考える外部不経済に対する処方箋

　まずは、外部不経済についてです。新型コロナが広がってい

る状況下では、外食や旅行などの対面型サービスの取引は、感染症を広げやすくしますから、取引に関係した人以外に不利益が及びます。「外部不経済」が発生するということです。この外部不経済に教科書的に対応すると、サービスの提供を減らした事業者（外食産業や旅行業者）に補助金を支給するか、サービスへの需要を減らすために、外食や旅行に課税することになります。現実に、緊急事態宣言が出されたときには、営業時間の短縮に協力した外食産業には「協力金」（補助金）が支払われましたが、これは外部不経済を減らしたことへの補助金だと解釈できます。

　ちなみに、私は、2021年2月に、衆議院の予算委員会公聴会で参考人として意見を求められた際に、「机上の空論ですが」と断ったうえで、「旅行や外食に課税して、その財源で被害を受けた事業者を直接救済するのが、最適な政策だ」と発言しています。私は、これは、感染防止、被害の救済、財政赤字の回避の3つを同時に達成できる名案だと思っていたのですが、「旅行や外食に課税する」という提案が世の中に受け入れられるはずがないので「机上の空論」と自分で断ったのです（＊5）。

▌新型コロナで考える外部経済に対する処方箋

　次に、外部経済を考えます。2021年3月から開始されたワクチンの接種は、典型的な外部経済です。ワクチンの接種は、本人の健康を守るだけではなく、周りの人々への感染を防ぐこ

＊5　私が配布した資料の全文を掲載したnoteは、以下のURLで誰でも読むことができます。https://note.com/tkomine/n/nfdd5c222ceda.

とによって、接種した本人以外の人の健康をも守ることになるからです。経済学の入門書『ALLミクロ経済学』(*6) では、外部経済の例としてインフルエンザの予防接種を挙げており、「1回の予防接種によって1.5件のインフルエンザ感染を防ぐ外部効果がある」という研究結果を紹介しています。

　これが外部経済だとすると、理論的には、ワクチンの接種は過少になるでしょう。自分のことだけを考え、副作用を懸念して接種を受けない人がいるからです。これに対しては、接種を受けた人に報奨金を払ったり、受けない人に罰金を課したりすればよいということになります。

＊6 『ALLミクロ経済学』ダロン・アセモグル、デヴィッド・レイブソン、ジョン・リスト（著）、岩本康志（監修・翻訳）、岩本千晴（翻訳）（東洋経済新報社、2020年）p.323。

4 費用として重要なのは「機会費用」である
（第4の原理）

▎「機会費用」とは何か

　一般的には、「費用」とは、「何かをつくったり、使ったりするための経費」だと考えるのが普通です。この意味での費用ももちろん重要ですが、経済学では「機会費用」という考え方を重視しています。

　さて、「機会費用」とは何でしょうか。私たちが何かにお金を使ったり、時間を使ったりすると、その分、何かを買えなかったり、何かができなかったりします。このように、何かをすることによって犠牲になった分が「機会費用」です。

　この「機会費用」という考え方はとても重要です。それは、この考え方を使うことによって、「世の中はなぜそうなっているのか」を理解できることが結構多いからです。例えば、日本ではなぜ少子化が進んでいるのかという問題を考えます。日本では、戦後国民の所得水準が高まるにつれて、子どもの数が少なくなっていきました。どうしてでしょう。詳しくは、第6章で説明しますが、機会費用に関係する部分を中心に説明すると次のようになります。

▎日本の少子化を「機会費用」で考える

　まず、それぞれの家計は、「子どもを持つことの効用（満足度）」

と「子どもを持つことのコスト」を比較して「子どもを持つか持たないか」、「何人子どもを持つか」の選択をしていると考えます。

このように話を始めると、「経済学者は何でも損得ずくで考えるが、世の中はそんなもんじゃない。子どもを何人持つかは夫婦の愛情の問題で、経済計算で考えているわけではない」と言う人が出てくるかもしれません。ところが、「夫婦に理想の数の子どもを持たない理由」を聞いたアンケート結果（図1-3）によると、最も多かったのが「子育てや教育にお金がかかりすぎる」という答えでした。やはり多くの人は経済計算をしているのです。

所得水準が上がると、子どもにより高い教育を受けさせたいと考えるようになりますから、教育費の負担が増えることはすぐにわかります。もう1つ考える必要があるのは「子育てのコスト」です。これは単なる育児費用ということではなく、機会費用が関係してきます。

一昔前の日本では、女性はある年齢になると結婚して家庭に入り、家事、子育てに専念するのが当然だと考えられていました。この場合は女性が子育てに従事しても、特にあきらめたことはないわけですから、機会費用はゼロです。

しかし、所得水準が上昇し、女性も男性と同じように高い教育水準を受けて、高い賃金を得るようになってくると、話が違ってきます。今度は、育児に従事する女性は、そうしなければ得られたであろう就業上の地位と高い所得（これが機会費用です）を犠牲にすることになります。

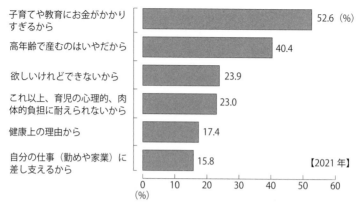

子育てや教育にお金がかかりすぎるから　52.6 (%)

高年齢で産むのはいやだから　40.4

欲しいけれどできないから　23.9

これ以上、育児の心理的、肉体的負担に耐えられないから　23.0

健康上の理由から　17.4

自分の仕事（勤めや家業）に差し支えるから　15.8

【2021年】

図 1-3　理想の数の子どもを持たない理由　上位 6 つを掲載。（国立社会保障・人口問題研究所「第 16 回出生動向基本調査」調査時期 2021 年 6 月）

　こうして、所得水準の上昇とともに、機会費用も含めた「子どもを持つことのコスト」は上昇し、子どもの数は減っていくのです。この問題を解決するためには、女性が仕事をしながら子どもを育てやすい環境を整えていくことが必要だということになります。

▌「機会費用」と「外部性」についての高校生との議論

高校生との対話

質問 1　　私は、さまざまな時間帯に授業を行っているのですが、1 時間目（9 時〜 10 時半）と 5 時間目（16 時半〜 18 時）は学生の出席率が低いのです。なぜでしょうか。その理由を機会費用の考え方を使って説明してください。

質問2　　私は、授業中におしゃべりをしている学生を見つけると「出て行け」と言って怒るのですが、居眠りをしている学生を見ても放っておきます。この理由を「外部性」の考えを使って説明してください。

回　答　　（簡単な問題だったためか、ほとんどが正解）

著者解説

　質問1の授業の出席率ですが、1時間目の出席率と5時間目の出席率が低いのは、学生諸君にとっての機会費用が大きいからです。1時間目の場合は、授業に間に合おうとすると、朝早く起きなければなりません。早く起きないでよければ、ゆっくり朝寝を楽しんだり、朝食を取ったりすることができますが、1時間目だとそれができません。つまり、学生諸君は、1時間目の授業を取ることによって、「朝寝をする」「ゆっくり朝食を取る」ことを犠牲にしており、それだけ高い機会費用を払っていることになります。

　5時間目の場合は、18時に授業が終わってからでは、アルバイトに間に合わなくなる場合が多いようです。今度は、5時間目の授業を取ることによって「アルバイトに行けなくなる」という高い機会費用を払っていることになります。

　質問2ですが、授業中におしゃべりをすると、本人が授業を聞いていないわけですから、成績が悪くなるというコストを払うことになります。しかし、それだけであれば、本人だけの問題です。問題は、おしゃべりをすると周りの学生に迷惑になることです。隣の学生がぺちゃくちゃおしゃべりをしていたら、気が散って授業に集中できないでしょう。これは外部不経済で

すから、私（政府の代わり）が介入してやめさせる必要があるのです。

　一方、居眠りのほうは、周りに迷惑をかけるわけではなく、外部不経済は発生していないので放置しているわけです（＊7）。

　ここで見たように、経済学の基本的な概念を使うと、私たちの身の回りのできごとがなぜそうなっているのかをよりうまく説明できるのです。

＊7　この私の説明に対して、「隣の学生が居眠りしていると、こちらまで眠くなるので、これも外部不経済として先生が対応したほうがいいのでは」という指摘がありました。

5 物事の影響はできるだけ先の先まで考えたほうがいい (第5の原理)

部分均衡的な考え方

何かが変化して、その影響を考えるとき、変化した部分だけしか見ないことを「部分均衡的な考え方」と呼びます。しかし、現実の世界では、何かが変化すると、それに関係する別の何かも変わり、その影響は広がっていきます。したがって、部分均衡的な考え方を避けて、表面的な因果関係だけではなく、「回り回って結局どうなるのか」ということを丁寧に考える必要があります。

「回り回って結局どうなるのか」ということは、抽象的な説明よりも、具体的な事例で考えたほうがわかりやすいので、ここでは1998年11月に決定された総額7,000億円の「地域振興券配布」という前代未聞の政策を例に解説しましょう。

「地域振興券」で考える

この「地域振興券」は「個人消費の喚起と地域経済の活性化を図る」ことを目的としたものでした。具体的には、15歳以下の児童のいる世帯、65歳以上の高齢者のいる世帯に、1人当たり2万円の地域限定の「商品券」を配布したのです。

では、なぜ商品券が「個人消費を喚起する」のでしょうか。それは次のような理屈だったようです。

まず、商品券支給は減税よりも個人消費を刺激する効果が高いと主張されていました。なぜでしょうか。図1-4を見てください。

①が出発点の状態です。所得100万円の人が、80万円を消費して、20万円は預金しているとします。

②は、消費を喚起するために、20万円の戻し税（「減税」）が行われたケースです。所得は120万円に増えます。この人は、増えた20万

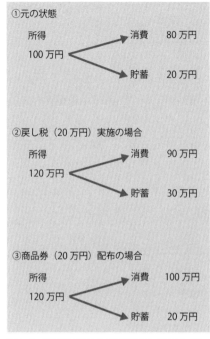

①元の状態

所得 100万円 → 消費 80万円
→ 貯蓄 20万円

②戻し税（20円）実施の場合

所得 120万円 → 消費 90万円
→ 貯蓄 30万円

③商品券（20万円）配布の場合

所得 120万円 → 消費 100万円
→ 貯蓄 20万円

図1-4　商品券の配布と消費の関係（著者作成）

円のうちの半分の10万円は消費に振り向けて、10万円は預金することにしました。せっかく消費を増やそうと思って20万円減税したのに、半分しか消費には回らなかったのです。

そこで、減税ではなく、商品券で20万円を渡します。商品券は預金できません。すると③のように、消費は20万円増えて100万円になるはずです。同じ20万円を配るなら、減税ではなく商品券で配ったほうが消費を拡大する力が強いことがわかります。さらに、これを地元限定の商品券にしておけば、地

元の商店街の売り上げが増えますから、地域の進行にも効果があるでしょう。

高校生との対話

質　問　　皆さんは地域振興券に関するロジックを聞いてどう思いますか。「なるほど商品券を配った方がいいな」と思うでしょうか、それとも「何か変な理屈だな」と思うでしょうか。

回答Ａ　　商品券を配るほうが良いと考えます。
回答Ｂ　　私もそう思います。（多数が同じ意見）
回答Ｃ　　この理屈はおかしいと思います。商品券を使って今まで買っていたものを買えば、その分お金が余るので、それを預金するはずです。

著者解説

　まったくＣさんの言う通りです。今まで支出していたことに商品券を使えば、商品券も預金できることになるのです。

　では、「商品券で配れば消費刺激効果が大きい」という考えは、どこが間違っていたのでしょうか。もう一度図 1-4 の③を見てください。図 1-4 の③は、「商品券をもらっても、元々受け取っていた 100 万円の使い方は変わらない」という前提を置いています。これが間違いだったのです。私たちは、新たに商品券を受け取ると、それまでのお金の使い方を変えてしまうのです。

　「商品券をもらっても、元々受け取っていた 100 万円の使い方は変わらない」というのが「部分均衡的な考え方」です。

商品券は地域経済を活性化させるか

　以上で、商品券は必ずしも「減税より大きな個人消費の喚起」には結びつかないことが理解できたと思いますが、もう１つのねらいである「地域経済の活性化を図る」という点についてはどうでしょうか。

　このとき配布した商品券は、受け取った人が住んでいる市町村でしか使えないことになっていました。受け取った商品券は地元でしか使えないわけですから、今まで地元の外で消費されていた分が地元の商店街に戻ってくると考えることができます。実際、この政策が全国的に実行される前に、すでにいくつかの市町村で同じようなことが実施されていて、それなりに効果があったと言われていました。

　しかし、この考えは正しくありません。なぜでしょうか。確かに、一部の地域だけに地域限定の商品券を配れば、他の地域で消費していた住民の消費を自分の地域に呼び込み、その地域の消費を増やす可能性があります。しかし、日本のすべての自治体が商品券を配ってしまうと、例えば、Ａ地域の商店街からＢ地域に戻ってくる分と、Ｂ地域からＡ地域に戻ってしまう分が相殺されてしまうのです。つまり、地域振興効果は消えてしまうということです。

「合成の誤謬」という考え方

　商品券の例は、経済学の基礎的な考え方の１つである「合成の誤謬」の典型的な事例と言えます。合成の誤謬とは、個人（もしくは部分）だけを取れば成立することも、全員（もしくは全体）

では成立しないということです。

　例えば、サッカーの試合を見ている1人が、グラウンドがよく見えないので立ち上がったとします。すると、その人はグラウンドがよく見えるようになりました。「立ち上がるとグラウンドがよく見える」という命題が成立したように見えます。しかし、1人が立ち上がると、後ろの人も立ち上がらないとよく見えなくなりますので、後ろの人も立ち上がります。そのようにして、そのまた後ろの人も立つでしょう。こうして全員が立ってしまうと、全員が座っているのと同じことになり、「立ち上がるとグラウンドがよく見える」という命題は成立しなくなるのです。

第2章

経済学は役に立つ

私は長い間、日本経済を観察してきたのですが、私の経験を踏まえても、「経済学は役に立つ」と強く感じています。しかも、経済学の中身も私が大学で勉強してきたことからかなり進歩しており、経済学はさらに役に立つようになってきたようです。なお、ここでは、「経済学」を、学術的な意味での経済学だけではなく、「経済を学ぶこと」と広くとらえています。つまり、経済学の教科書を理解するだけではなく、現実の経済の推移を観察したり、経済政策のあり方を議論して経済についての知見を積み重ねたりしていくことすべてが「経済学を学ぶこと」だと考えています。

　そこで本章では、まず、経済学を勉強すると、私たち自身にとって、どんな「いいこと」があるのかを説明します。残念ながら、「経済学を勉強すればお金持ちになれる」といったダイレクトな「いいこと」を期待されると困るのですが、経済学を勉強することにより、経済についての自分なりの知見を持ち、経済社会の動きをより的確に理解できるようになるはずです。また、経済学は、私たちが暮らす社会をより良いものにするのに役立っています。例えば、最近では、行動経済学の知見に基づく「ナッジ」（詳しくは後述）を使うことによって、社会を望ましい方向に導いたり、「フューチャーデザイン」という手法で、将来世代の視点を社会的意思決定に反映しようという試みも行われています。

1 私たちの暮らしと経済学

▍経済について自分なりの知見を持つ

　経済を観測することを仕事にしてきた人間にとっては、経済学が役に立つことは言うまでもありません。経済（そして経済学）の知識が増えれば増えるほど、質の高い仕事ができるようになるからです。ただし、これは経済の観測を仕事にしているから言えることであって、一般の人には必ずしも当てはまらない特殊例だと言えます。

　しかし、私は、一般の人にとっても、経済の姿がどうなっているのか、これからどうなりそうか、政策はこれにどう対応しようとしているのかなどについて、自分なりの知見を持つことは重要だと思います。

　なぜかと言えば、人は誰でも社会人になれば、必ず何らかの経済活動に関係することになるからです。自分の仕事や生活が、経済の中でどのような役割を担っているのかを常に意識しておくのは必要なことです。また、経済を観察していると、経済社会の大きな流れを知ることができます。

　例えば、グローバル化の流れ、日本の少子高齢化の流れ、新型コロナの影響などです。こうした経済社会の大きな流れは、個人の力では変えることができない「どうしようもないもの」です。経済社会の動きが「どうしようもない流れ」であるなら

ば、その流れに逆らわず、むしろその流れに乗った方向を目指したほうがいいと言えます。

▌経済学は経済社会の動きを理解するのに役に立つ

また、経済を勉強すると、自分が暮らしている経済社会の動きを理解するのに役に立ちます。第1章で見たように、経済学の「基本中の基本」の概念を使うだけで、経済社会がどのような仕組みで動いているのかを、より納得的に知ることができます。経済学の「基本中の基本」だけでも結構役に立つのですから、経済や経済学についての自分の知見をほんの少しだけでもレベルを上げて行けば、経済社会の動きをよりわかるようになるはずです。

政府の経済政策を評価するという点でも経済学を学ぶことは重要な意味を持っています。私たちは、選挙などを通じて社会的意思決定に参画しています。つまり、間接的にではありますが、政府が行う経済政策を決めるのは私たち自身だということなのです。どのような経済政策が行われるにしても、それは私たちの仕事や生活に大きく影響するので、私たちは経済についてのできるだけ正しい知識を得て、正しい政策が行われるようにしたいものです。

▌エコノミストと一般の人との意見の違い

しかし、現実を見ると、経済の専門家と一般の人々の意見は大きく異なっています。どのような違いがあるかは、2018年に内閣府がエコノミスト（経済の専門家）と一般の人に対して

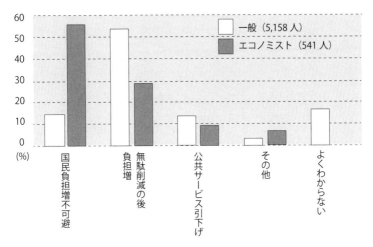

図2-1　国民負担の今後に対する見方　縦軸は選択者シェア（%）。一般、エコノミストの人数は設問に有効回答のあった標本数。

行ったアンケート調査結果からわかります（＊1）。

　この調査では、「日本経済の立ち位置」や「格差」「成長と分配」などの項目について、エコノミストと一般の人に同じアンケート調査を行っています。例えば、「高齢化が進行する中で将来予想される国民負担（税金や社会保険料負担のこと）」については、図2-1のような結果でした。すなわち、エコノミストは、「国民負担の今後の増大は避けがたい」と考えているのに対して、一般の人は「財源が必要なら、まずは無駄の削減で対応せよ」という考えが強いという違いがあります。

＊1　原典は、梅田政徳・川本琢磨・堀雅博「日本経済と経済政策に係る国民一般及び専門家の認識と背景に関する調査」（内閣府経済社会総合研究所「経済分析」第197号、2018年）。https://www.esri.cao.go.jp/jp/esri/archive/bun/bun197/bun197g.pdf.

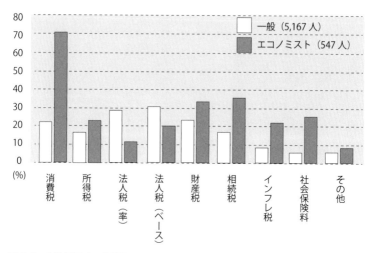

図 2-2　今後活用すべき財源　縦軸は選択者シェア（％）。一般、エコノミストの人数は設問に有効回答のあった標本数。

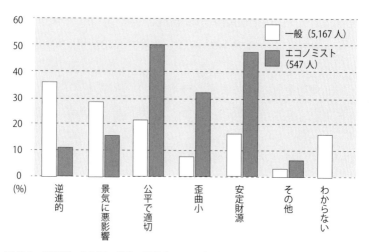

図 2-3　消費税への評価　縦軸は選択者シェア（％）。一般、エコノミストの人数は設問に有効回答のあった標本数。

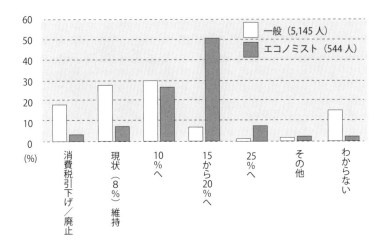

図2-4 将来的に必要になる消費税率　縦軸は選択者シェア（％）。一般、エコノミストの人数は設問に有効回答のあった標本数。

　また、負担増分の財源としては、専門家は消費税を考えるのですが、一般の人は「増税するなら法人税を上げるべきだ」と考える傾向があります（図2-2）。一般の人は、法人税であれば自分の懐には響かないと考えているのかもしれません。

　さらに、私たちが買い物のたびに10％（食料品は8％）の税率で納めている消費税については、専門家は「公平で安定した財源だ」と考えるのに対して、一般の人は「逆進的」と考えていることがわかります（図2-3）。「逆進的」とは、「所得が低いほど負担が重くなる」ということです。消費税率については、専門家は「15〜20％が必要」と考える人が多いのですが、一般の人の考えは「10％以下」という結果になっています（図2-4）。

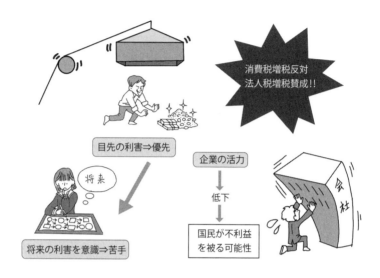

消費税増税反対
法人税増税賛成!!

目先の利害⇒優先

将来

将来の利害を意識⇒苦手

企業の活力

↓

低下

国民が不利益
を被る可能性

▌一般の人は、目先の自分の利害を優先して考える傾向がある

　この調査結果を見る限り、経済の専門家と一般の人の考え方の違いはかなり大きいことがわかります。もちろん、経済の専門家の意見が正しくて一般の人の考え方は間違っているということではありませんが、少なくとも経済学を勉強すると、経済政策について一般の人とは異なる考え方を持つようになるということは言えそうです。

　私はこのアンケート調査から次のようなことが言えると考えています。

　まず、一般の人は、目先の自分の利害を優先して考える傾向があり、回り回って結局どうなるかという長い目で見た利害を意識するのが苦手という特徴があるように思われます。つまり、目先の自分の利益を考えると「消費税増税は嫌だが法人税増税

ならよい」となるのですが、「法人税を増税すると、企業の活力がなくなり、結局のところ国民が不利益を被る可能性がある」ということまで考えが及ばないのです。

　逆に言えば、経済学を勉強すると、長い目で見て、国民全体のためになる政策は何かを見分けることができるようになるということだと思います。私は、それこそが経済を勉強する重要な意味の1つだと思っています。

　なお、蛇足ですが、この調査では、「経済学や経済学者は日本経済に貢献していると思うか」という問いも含まれています。これについては、経済の専門家も一般の人も、最も多かった回答は「あまり貢献していない」というものでした。この点では珍しく両者の考えが一致したわけですが、これには経済学者としては苦笑するしかありません。

経済学を勉強するとお金持ちになれるのか？

▍経済学を勉強すると所得や資産を増やすことができる？

　経済学は役に立つかという講義をしていたところ、高校生から次のような質問が出ました。

　　「私たちはこれから社会人になると、所得を得る一方で、将来に備えて貯蓄をする必要があると考えています。経済学を勉強すると、所得が増えたり、資産を増やしたりすることができるようになるのでしょうか」

　これは経済学についてときおり聞かれる質問で、もう少しはっきり言えば、「経済学を勉強するとお金持ちになれるか」ということだと思います。実は、この点については私が行った興味深い調査があるので紹介します。

　この調査では、まずアンケートの参加者に、経済的知識のレベルを測るテストを行います。「個人向け国債」「デフレ」など10の経済金融用語を示して、意味を知っているかどうかを尋ね、獲得ポイントをスコア化します。次に、参加者が保有している金融資産の額を尋ねます。そして両者の関係を見るのですが、次のような結果が得られました。

　それは、「経済知識の多い人ほど金融資産の保有額も多い」

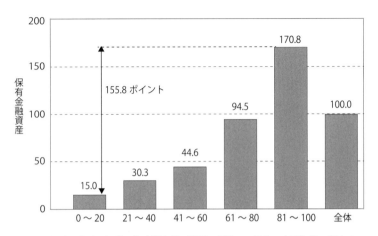

図2-5 経済・金融の知識と資産保有額の関係 横軸は、経済・金融知識に関するテストのスコア、縦軸は男性全体の平均金融資産保有額を100としたもの。（『女性が変える日本経済』小峰隆夫・日本経済研究センター編著、日本経済新聞出版、2008年）

ということです。例えば、男性の場合、平均スコアを100としたとき、スコアが最も高いグループの資産が170.8だったのに対して、最も低いグループの保有額はわずか15でした（図2-5）。この調査結果を見ると、経済や金融についての知識のある人は資産をたくさん保有していることがわかります。やはり「経済や金融の勉強をするとお金持ちになれる」ように思えます。しかし、果たして本当でしょうか。

　実は、このような調査結果を見て簡単に結論に結びつけるのではなく、もう少し丁寧に考えることが重要なのです。経済知識と資産保有額が似たような関係があるように見えるからといって、前者（経済知識）が原因で、後者（資産保有額）が結果だとは限らないからです。

相関関係と因果関係の違いを理解する

　２つのものごとの間に似たような動きや関係があることを「相関関係」と呼び、あるものごとが「原因」でもう１つのものごとが「結果」となることを「因果関係」と呼びます。データに基づいて経済の議論をしているときには、「相関関係」と「因果関係」は違うということを理解しておくことはとても重要です。

　例えば、雨が降る日の前日には、家の近くの田んぼの蛙がケロケロよく鳴くという関係があったとします。しかし、「蛙が鳴くから雨が降る」わけではありません。もしそうであれば、遠足の前の日には、田んぼから蛙を追い出しておけば、翌日は晴れることになります。この例では、たぶん因果関係は逆で、翌日が「雨になるような湿気の多い天候のときには蛙がケロケロ鳴く」ということなのでしょう。

　では、ここで示した「経済知識と資産保有の関係」についてはどう考えればいいのでしょうか。１つの答えは、因果関係は逆で、資産をたくさん保有している人は、経済の動向や資産の運用に関心が高く、したがって経済・金融の知識水準が高いとも考えられます。

　実は、もう１つ違う答えもあります。それは、第３の要因があり、それが経済知識と資産保有の両方に影響しているのではないかということです。この例では、第３の要因は「勉強する」ということです。

　要するに、世の中のことに関心があり、経済・社会のできごとをフォローし、社会に出てからも勉強を続けるような人は、

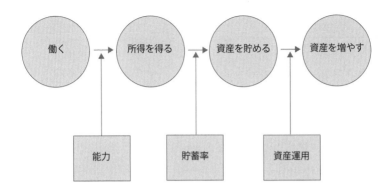

図2-6 金融と資産運用

仕事でも高い評価を受け、所得水準も高くなり、したがって資産保有額も大きくなるのではないかということです。

金融知識と資産保有額の関係

　世の中には、経済・金融知識が豊富であれば、上手に資産を運用するから資産の保有額も増えて、お金持ちになれると考えている人がいるかもしれませんが、そんな単純なものではありません。もしそうなのであれば、経済・金融知識が豊富なはずの経済学者は、私も含めてみんなお金持ちになっているはずですが、全然そうではありません。これを、金融と資産の関係を見たフローチャート（図2-6）で説明します。

　人は誰でも図の左からスタートします。つまり、働いて所得を得ます。このとき、自分の能力を磨き、企業に貢献できるような人ほど高い所得を得るはずです。次に、獲得した所得を使っ

てしまわずに、貯蓄に回すことによって資産が増えます。そして、資産を保有したら、今度はそれをいかに運用するかが問われることになります。

　つまり、豊富な金融知識を使って上手に資産を運用して効果があるのは、このフローの最後の部分だけなのです。いくら資産運用がうまくても、そもそもたくさん稼いで運用するだけの資産を持たなければ話にならないということです。

3 さらに役立つようになってきた経済学

経済学を「実装」する

　近年、経済学はさらに「役に立つ」ようになってきました。これは、私が大学で経済学を学んだ後に発展してきた分野です。これから経済学を学び始める若い人たちは、こうした新しい分野についても、人生の早い段階で勉強できるわけです。心から羨ましいと思います。

　そうした経済学の動きを象徴的に示すのは「○○を実装する」という表現です。私が大学で経済学を学んでいる頃には、「経済学を身につける」とは言っても、「実装する」とは言いませんでした。これは、経済学の「役の立ち方」が質的に変化している結果だと思います。

　私が学んだ頃の経済学は、ここまで述べてきたように、機会費用など経済学ならではのものの考え方を身につけて、経済・社会現象をよりロジカルに理解したり、経済政策の是非を論じる力を身につけて、社会的意思決定に参画したりするのに役に立ってきました。一方で、すでに説明したように、「経済学を勉強すればお金が儲かる」ということはあまり期待できない世界でした。

　しかし、今や経済学は、現実の経済活動において直接的にビジネス上の利益をもたらしたり、中央政府や地方公共団体にお

いて、効率的な行政運営を実現したりする手段となっています。経済学者は、エンジニアのように、実用的な技術を身につけて、企業や政府にアドバイスするようになっています。経済学を「実装」することによって、企業や行政がより豊かな成果を実現できるようになったのです（＊2）。

　以下、いくつかの例を紹介しましょう。

▍実施の活用例が急増している行動経済学とナッジ

　まず、最近最も「役に立つようになった」経済学の分野として「行動経済学」があり、その行動経済学から生まれた道具としての「ナッジ」（＊3）があります。なお、この分野については、早稲田塾での講義を元にまとめられた大竹文雄著『あなたを変える行動経済学』（東京書籍、2022年）という本が出ています。詳しくは、その本を見ていただくことにして、ここではごく簡単に紹介します。

　行動経済学という分野は、私が大学で経済学を学んでいた頃（約50年前）には影も形も存在しなかった分野です。それは伝統的な経済学とかなりフレームワークが異なっています。すなわち、伝統的な経済学では、経済を構成する人々は、自分の経済状態や、自分が持っている情報を踏まえて、自らが最適な状

＊2　こうした役に立つ経済学を解説したものとしては、例えば、『使える！経済学 データ駆動社会で始まった大変革』日本経済研究センター編（日経BP、日本経済新聞出版、2022年）があります。

＊3　【ナッジ（nudge）】英語で「注意を引くために肘で人を軽く押す」という意味。「自由には行動ができます。しかし、できればより良い、あなたのためになることを選びやすくさせてあげましょう」という考え方（大竹文雄）。

態になるように合理的に行動するという前提を置いているのに対して、行動経済学は、現実の世界では人々は合理的ではなく、バイアスを伴った行動を取ることがあると考えるのです。

実例で考えたほうがわかりやすいので、高校生に行った実験を紹介します。

高校生との対話

質問1 　　今、「サイコロを振って偶数だったら1万円もらえるが、奇数だったら1万円払う」というゲームに誘われたとします。皆さんは参加しますか。

回　答　　（全員）参加しない。

質問2 　　では、もらえる金額を2万円にしたらどうでしょうか。

回　答　　（全員）参加しない。

著者解説

この後、順番にもらえる金額を引き上げて、3万円あたりでぽちぽちと「参加する」と言う人が現れ始めましたが、中には10万円でも参加しないと言って頑張る人もいました。

さてこの結果をどう考えたらいいでしょうか。最初の「1万円もらうか、1万円払うか」のゲームで、全員が「参加しない」と答えたということは、誰もが「1万もらう」うれしさよりも、

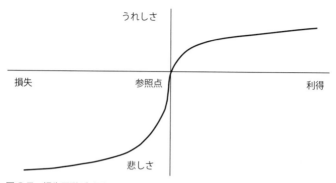

うれしさ

損失　　　　　　　　　参照点　　　　　　　　　利得

悲しさ

図2-7　損失回避バイアス

「1万円損する」悲しさのほうを大きく評価していることを示しています。これが「損失回避バイアス」と呼ばれるものです。

「2万円もらえるか、1万円損するか」のゲームはどうでしょうか。サイコロを振って偶数が出るか奇数が出るかの確率は50％です。このゲームに参加することで平均的に期待できる金額は5000円（2万円×0.5 − 1万円×0.5）ですから、合理的に考えればサイコロを振ったほうが良いわけです。しかし、現実には振らないほうを選択するのですから、「1万円損する悲しさ」は、「1万円もらえるうれしさ」より2倍以上大きいということになります。専門的な分析結果によると、人は利得よりも損失を2.5倍くらい大きく感じているようです。

この関係を図で示したものが図2-7です。この図の横軸は、利得、損失を表しています。参照点というのは比較の基準になる出発点で、この場合は現在の所得と考えればいいでしょう。参照点から右側に進むと現在の所得が増えて、「うれしさ」が高まります。逆に、左側に進むと所得が減って、悲しさが強まります。うれしさと悲しさは対称的ではなく、うれしさの高ま

り方よりも、悲しさの強まり方のほうが強くなっています。これが「損失回避バイアス」です。

▍ナッジの活用事例

　こうして人間の行動には合理性から乖離したバイアスがあることがわかりました。このバイアスをうまく利用しようというのがナッジなのです。nudge という英語は「肘でつつく」という意味で、そっと働きかけることによって行動を促すということです。

　このナッジは、すでに各方面で活用されつつあり、環境省ではナッジの例を集めて「ベストナッジ」を選定しているほどです。2018 年のベストナッジに選ばれた事例は前述の「損失回避バイアス」を利用したものなので紹介しましょう。

事例1　八王子市の大腸がん検査キット

　八王子市では、前年度に大腸がんの検診を受けた人に大腸がん検査キットを送っているのですが、せっかく送っても受診率があまり上がりません。そこで、送る際のメッセージを2通り準備して、どちらが効果があるかを調べてみました。1つは「今年度、大腸がん検診を受信された方には、来年度、『大腸がん検査キット』をご自宅へお送りします」というもので、もう1つは「今年度、大腸がん検診を受診されないと、来年度、ご自宅へ『大腸がん検査キット』をお送りすることができません」というものです（図2-8）。

　言っていることはまったく

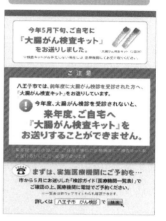

パターンA（はがき裏面）
22.7%の受診率

今年5月下旬、ご自宅に
『大腸がん検査キット』
をお送りしました。

八王子市では、前年度に大腸がん検診を受診された方へ、『大腸がん検査キット』をお送りしています。

⚠ 今年度、大腸がん検診を受診された方には、
来年度、
『大腸がん検査キット』を
ご自宅へお送りします。

☎ まずは、実施医療機関にご予約を…
市から5月にお送りした「検診ガイド（医療機関一覧表）」でご確認の上、医療機関に電話でご予約ください。

詳しくは 八王子市 がん検診 で 検索

パターンB（はがき裏面）
29.9%の受診率

今年5月下旬、ご自宅に
『大腸がん検査キット』
をお送りしました。

ご注意

八王子市では、前年度に大腸がん検診を受診された方へ、『大腸がん検査キット』をお送りしています。

⚠ 今年度、大腸がん検診を受診されないと、
来年度、ご自宅へ
『大腸がん検査キット』を
お送りすることができません。

☎ まずは、実施医療機関にご予約を…
市から5月にお送りした「検診ガイド（医療機関一覧表）」でご確認の上、医療機関に電話でご予約ください。

詳しくは 八王子市 がん検診 で 検索

図2-8 「大腸がん検査キット」を送る際の2通りのメッセージ

同じなのですが、結果は、前者（「来年度も送ります」）の場合は、受診率が22.7%だったのに対して、後者（「来年度は送りません」）の場合は受診率が29.9%となりました。

これは、「お送りします」というメッセージが利得を強調したものであるのに対して、「お送りすることができません」というメッセージは損失を強調したものとなっているからだと考えられます。この例のように、ナッジを使うと、ちょっとした工夫で、あまり予算も使わずに政策効果を高めることができるのです。

もう1つだけ実例を紹介しましょう。

行動経済学で明らかになったことの1つに、人々は意思決定

をする際に、全部の情報を集めて、自分の考えで判断するのではなく、直感的に意思決定をしている場合が多いということがあります。面倒だから近道を行こうとするのです。

そうした行動の1つとして「社会規範と同調効果」というものがあります。私たちは、一から自分で考えるのではなく、周囲の人々の行動に合わせて行動するということが結構多いのですが、これは「大勢のすることに合わせておけば安心」だと思い、自分で考えるのを省略しているのだと考えられます。

こうした考えに基づいて、災害時における避難行動についてナッジを応用した例があります。

事例2　災害時における避難行動

広島県では2014年に土砂災害により77人の命が失われたという経験を踏まえて「みんなで減災県民総ぐるみ運動」を展開してきました。

しかし、2018年7月の豪雨災害では、避難勧告が発令されたにもかかわらず、実際に避難した県民は少なく、結果的に114名もの死者・行方不明者を出してしまいました。

多くの人に避難してもらうにはどうすればいいのか。広島県ではこの問題を考えるため、大阪大学の大竹文雄教授の指導のもとに次のような実験を行いました。それは、表2-1のような呼びかけのタイプを用意し、それぞれの呼びかけがあった場合、人々がどの程度避難行動に結びつくかをアンケート調査したのです。この調査からわかったことは、「あなたが避難しないと人の命を危険にさらすことになります」というメッセー

例1	これまで豪雨時に避難した人は、周りの人が避難したから避難したという人がほとんどでした。 あなたが避難することは人の命を救うことになります。
例2	これまで豪雨時に避難した人は、周りの人が避難したから避難したという人がほとんどでした。 あなたが避難しないと人の命を危険にさらすことになります。
例3	どうしても自宅に残りたい場合は、命の危険性があるので、万一のために身元確認ができるものを身につけてください。
例4	避難場所に避難すれば、食料や毛布などを確保できます。
例5	避難場所に避難しないと、食料や毛布を確保できない可能性があります。
例6	大雨がもたらす被害について知り、危険が迫った時には、正しく判断して行動できる力をつけ、災害から命を守りましょう。

表2-1　避難行動を呼びかけるメッセージ　産業経済研究所主催「EBPMシンポジウム」（2019年12月25日）における大竹文雄教授の講演「防災におけるナッジの活用」資料を元に筆者が要約したもの。

ジが最も効果的だということでした。これは、社会的規範に呼びかけるものであるとともに、「何もしないと多くの人に損失をもたらす」と訴えて「損失回避バイアス」に働きかけていることにもなるのです。

広島県ではこの結果を受けて、大雨時には知事がここで示した呼びかけを行っており、報道機関も同様の呼びかけを行っています。ナッジは人命をも救うのです。

▎フューチャーデザインの考え方

　まだナッジほど一般的になってはいませんが、近年注目されているのは、「フューチャーデザイン」という考え方です。

現在の民主主義には、根本的な欠陥があります。それは「将来の世代は意思決定に参画できない」という欠陥です。例えば、温暖化ガスの排出や財政赤字は、現在の民主主義のもとでは適切な対応が取られにくい問題です。現時点では大きな問題が起きていないので、現世代だけが参加する民主主義のもとでは、問題意識が十分浸透しないからです。

　財政再建も温暖化対策も現世代に何らかのコスト負担を求めることになるのですが、その恩恵を受けるのは将来世代であり、自分たち現代世代ではないという状況のもとでは、誰も進んでコストを負担しようとはしないのです。仮に、将来世代が現時点での政治的意思決定に参加できたとすれば、「温暖化ガスの排出を抑制してくれないと私たちが大変なコストを払うことになる」「財政を再建しておいてくれないと私たちの世代が大きな被害を受ける」と発言するはずです。

　この「将来世代の考えを反映できない」ということは、私たちが維持している民主主義の大きな制度的欠陥なのですが、これはちょっと対応できそうにないように思われます。ところが、これを何とかしようという試みがあるのです。それが「フューチャーデザイン」という考え方です。

▍意思決定の際のグループの中に「仮想将来人」を入れる

　フューチャーデザインというのは、民主主義や市場の意思決定に将来世代を取り込む仕組みをデザインし、それを実践していこうというものです。日本で生まれた考え方で、高知工科大学の西條辰義教授や大阪大学の原圭史郎教授らを中心としたグ

ループが提唱したものです。

　もちろん、まだ存在しない将来世代の声を聞くことはできません。そこで、西條氏らのグループが着目したのが、現世代であっても完全に自己中心的なのではなく、自分たちの利得を削ってもいいという気持ちも持っていることです。いわば、私たちは利他的な気持ちも持っているということですが、こういう気持ちを発揮できるような仕組みをデザインしようというわけです。

　具体的には、意思決定の際のグループの中に「仮想将来人」を入れるのです。参加者に仮想将来人になって、例えば20年後の人になったつもりでプロジェクトを考え、意見を出してもらうのです。このフューチャーデザインの考え方は既にいくつかの地方公共団体で試みられており、かなり成果が出ています。

事例3　　　岩手県矢巾町のケース

　フューチャーデザインの代表例が、岩手県矢巾町のケースです。岩手県のほぼ中央に位置する矢巾町は、盛岡市に隣接する、人口約2万7000人の小さな町です。

　矢巾町におけるフューチャーデザイン（以下、FDと省略）の始まりは、2012年の水道事業の見直しでした。矢巾町の水道は、当時、創設から50年以上が経過しており、老朽化が進行していました。これに対応するには、水道管の更新が必要であり、そのためには水道料金を値上げ

せざるを得ない状況でした。しかし、町民にそれを理解してもらうのは難しいものがありました。値上げをして更新工事を行っても、それまでの水道サービスが維持されるだけであり、特に住民サービスが向上するわけではないからです。

そこで市民の代表による議論の場を設け、その際に将来世代の利益代弁者として「仮想将来世代グループ」を置いて現世代グループと討論してもらったのです。すると、仮想将来世代グループでは、将来の視点から現在を考えるという思考法が見られたということです。

こうしてワークショップの議論を重ねた結果、水道料金を引き上げるという提案が賛同を得ることになりました。現在の視点から見ると、当面の水道サービスにただちに不具合が生じるわけではないので、水道料金の引き上げは単なる負担に感じられます。しかし、将来世代の視点に立ってみると、水道管の更新が行われなかったことにより、水道サービスの質が低下するという不都合な真実がまず現れるので、それを防ぐためには、さかのぼって現代において値上げしておくべきだということになったのでしょう。

この経験の中で特筆すべきなのは、参加者の反応です。市民からの参加者は「新鮮な経験ができた」「楽しくやりがいがあった」という感想が寄せられたというのです。行動経済学では、人々は損得勘定だけで動くのではなく、他人の役に立ちたいという動機も強いとされています。おそらく仮想将来人になった人は、自分の力が将来の人の役に立ったという実感を持ち、

やりがいを感じたのでしょう。
　矢巾町ではその後もいくつかの分野でFDを使った住民参加型の議論を重ねており、2018年には高橋昌造町長が「フューチャーデザインタウン」を宣言し、2019年には行政組織内にFDを所管する未来戦略室を設置するまでになりました。

　経済学は常に進歩を続けており、人々の幸せを高めるうえで役に立つ度合いが高まっていると私は思います。これからも経済学の分野で、いろいろな工夫が積み重ねられていくことを期待したいと思います。

第 3 章

幸せのための経済政策

私は大学の教員になる前に長い間政府の役人をしていたので、経済政策の現場を体験しています。そのような実体験を基に経済政策を説明したいと思います。

　この章ではまず、経済政策の目的は、人々をできるだけ幸せにすることだという、基本中の基本を確かめておきます。とは言っても、国や地方政府が、国民一人ひとりに直接「幸せな状態」を提供するのが必ずしも正しいとは言えません。「幸せ」は、国民の一人ひとりが、自らの価値観に基づいて、自らの力で追求するのが基本なのであり、国や地方政府は、一人ひとりの国民が幸せを追求しやすいような環境をつくっていくことが求められているというのが本書の考え方です。

　すると、経済政策の基本は、「持続可能な範囲で、できるだけ高い経済成長を実現する」「働きたい人に働く場を提供する」「生活を安定させるため、物価があまり大きく変動しないような安定した状態にする」という3つになります。

　その中で、本章では特に経済成長がなぜ重要かについて説明しています。世の中には「現在程度の生活水準を維持できればそれでいい」「我々は既に豊かなのだから、これ以上無理に成長しないでもいい」という人も多いので、ここでは「それはちょっと違うのでは」という考えを示しています。併せて、「景気が良い」というのはどういうことかについても考えています。

　具体的な経済政策としては、財政政策と金融政策について解説しました。いずれも、現時点では、教科書的な説明とは異なる政策を採用しているので、やや説明が難しい部分です。なかでも、財政の将来については、私は強い不安を感じており、この点についてはできるだけ多くの人に知って欲しいと思い、やや詳しめに説明しました。

1 経済政策とは何だろうか？

▎希少な資源を使って暮らしを豊かにする

　経済政策とは何かということについては、さまざまな考え方があります。例えば、『広辞苑』（第七版）を引くと、「国家が一定の価値判断のもとに、その目的に応じて、経済問題を調整ないし解決する行為」という説明が出てきます。しかし、この説明では、あまりにも漠然としていて、よく理解できません。そこで、私なりにもう少しわかりやすく言えば、「経済政策とは、希少な資源を使って、私たちの暮らしをできるだけ幸せで豊かなものにすること」なのです。

　ここで、「希少な資源を使って」という表現が出てきますが、それは、そもそも経済活動とは、限りある資源（希少な資源）をどのように有効に使うかということだからです。経済政策の場合、わかりやすいのは財政でしょう。財政の場合、「希少な資源」に相当するのは「予算の制約」です。

　では、「予算の制約」とはどういうことでしょうか。例えば、「経済政策として望むことは何ですか」という質問をすると、さまざまな回答（要求）が出てきます。

　「貧困に苦しんでいる人を救って欲しい」「社会保障を充実して欲しい」「少子化対策をしっかりやって欲しい」「高校の授業料をただにして欲しい」などなどです。

しかし、こうした要求をすべて満たすことはできません。政府が使えるお金（「予算」）には限りがあるからです。経済政策を考える際には、限られた予算をどのような分野に配分するかについて常に考えなければなりません。

▌私たちの暮らしをできるだけ豊かなものにする

次に、「私たちの暮らしをできるだけ幸せで豊かなものにする」ことがなぜ経済政策の目的かを考えてみます。

まずは、「豊かにする」ということですが、そもそも「経済」の究極目標が私たちの暮らしを可能な限り豊かにすることにあるわけですから、この点については異論を差しはさむ余地はないかもしれません。しかし、新聞やテレビのニュースを見ていればわかるように、一口に経済政策と言っても、財政政策、金融政策、物価対策、景気対策、社会保障など多くの分野があり、例えば、財政面では、これ以上財政赤字を増やしてもいいのか、消費税をどうするかなどが議論され、金融面では、金利を上げるかどうかなどが議論されています。

ところが、財政面で赤字を抑制して財政を健全な姿にすること自体は、経済政策の最終的な目的ではありません。財政を健全にすることは、いわば「中間的な目標」であり、最終的には財政面での混乱が国民の生活を脅かさないようにすることが目的なのです。そう考えると、結局のところ、すべての経済政策は、国民の生活を豊かにしようとしていることがわかるはずです。

▌「幸福度」について考える

では、「幸せにする」ということについてはどう考えればいいのでしょうか。

もし、経済政策の目標が「幸せ」なのであれば、国民の「幸福度」を測定し、その幸福度を最大にするような政策を目指せばいいのではないかという考えもあります。この点についてはまず、そもそも幸福度とは測定できるのかという疑問が生じるでしょう。現在行われている幸福度の測定の試みとして2つの手法があります。1つは、人々の幸福に関係しそうな指標を集めて、これを合成するという手法であり、もう1つは、人々に直接「幸せかどうか」を聞くという手法です。

▌「豊かさ指標」の県別ランキング

まず、「人々の幸福に関係しそうな指標を集めて合成する」という手法については、従来から種々の試みがあり、その問題点もかなり明らかになっています。そこで、私が政策の現場で実際に経験した事例を紹介したいと思います。

それは、1992年に経済企画庁（現内閣府）が「新国民生活指標（People's Life Indicators ＝ PLI、「豊かさ指標」とも呼ばれました）」を作成したときのことです。これは、「住む」「費やす」「働く」「遊ぶ」など8つの活動領域について、豊かさを示す指標を選択してそれを合成するというものでした。

その結果は、都道府県ごとにランク付けして公表されました。年によって変動はあったのですが、多くの場合は福井県が首位で埼玉県が最下位でした。このように順位がついたため、人々

の関心は急速に高まりました。しかし、ここである問題が起きました。それは、下位に位置づけられた県は、この結果が不愉快だといって、知事が「指標の算定方式がおかしい」とコメントする騒ぎになったのです。県民の豊かさ向上を目指して日々努力している知事にしてみれば、「自分の県の豊かさは全国で下位だ」と公式に発表されれば、不愉快になるのは当然のことかもしれません。そのようなこともあって、「豊かさ指標」の県別のランキングは公表されないことになりました。

■「合成型指標」で幸福度を測ることの問題点

　こうした事例から見ると、関係しそうな指標を集めて合成する「合成型指標」で幸福度を測ることには多くの問題点があることがわかります。なかでも決定的な問題点は「どのような指標を選ぶか」ということです。例えば、「1人当たり公園面積」を指標に入れたとしますと、次のような問題がすぐに思い浮びます。

①公園面積が住んでいる人の幸せに関係すると言えるか（自然が豊富なので、そもそも人工的な公園を必要としない地域もある）。

②指標がない分野は測定できない（子どもが戸外で遊べるかを示す適当な指標はあるか？）。

③そもそも人口の増減だけを見ればいいのではないか（人々は最も住みたい所に住むはずだから）。

私が何よりも問題だと思うのは、例えば「公園」という指標を選んだ段階で、「広い公園がある地域に住むことが豊かだ」という「幸せの定義」が潜在的に決められてしまっていることです。「どのような状態を幸せ（あるいは豊か）」と感じるかは、個々人の価値観や感性で異なるはずなのに、「合成型指標」の手法では、本来多様なはずの価値観を画一化してしまうことになるのです。

　こうした従来型の合成型指標に代わって、最近盛んに行われるようになったのが、「幸せかどうか」を直接人々に聞くという方法です。そこで、私は、早稲田塾の高校生に次のような質問をしてみました。

高校生との対話

質　問　　皆さんは自分自身がどの程度幸福だと思いますか。
　　　　　10段階で評価してください。非常に不幸が0、どちらとも言えないが5、非常に幸福が10です。

回　答　　0〜4　　なし
　　　　　5　　　　7%
　　　　　6　　　　なし
　　　　　7　　　　35%
　　　　　8　　　　27%
　　　　　9　　　　13%
　　　　　10　　　20%

著者解説

　今回の結果を加重平均すると8.13になります。同じ質問を

もっと本格的に実施した調査があり、その結果は、日本の幸せ度の平均は 6.64 でした。したがって、早稲田塾の高校生は、平均よりかなり幸せだと言えます。それにしても、20% の高校生が「非常に幸せ」と感じていることにはちょっと驚きました。

ブータンと日本の幸福度を比較する

この日本の調査をブータンと比較したデータがあります（表3-1）。ブータンは、国を挙げて幸福度を高めることを目標にしており、国民の多くが実際に幸福だと感じている国としてよく知られています。ところが、10 段階評価で見ると、何と「幸福度は日本のほうが高い」ことがわかります。

さて、私がブータンと日本との幸福度を比較したのは、「日本はブータンと同じくらい幸福の国だ」と言いたかったからではありません。幸福度を国際比較するということがいかに難しいかを示したかったのです。そもそもこの表を見て、「どちらの国が幸福か」を判定することはできるでしょうか。過去の経験、将来への希望、国民性の違いなどによって、同じような経

幸福度	0	1	2	3	4	5	6	7	8	9	10	平均
日本	0.4	1.0	1.4	4.5	4.7	20.9	10.7	17.9	21.3	7.9	9.2	6.64
ブータン	0.2		0.7	2.6	5.5	24.9	17.6	27.0	16.0	3.3	2.3	6.31

表3-1　ブータンと日本の幸福度比較　ブータンの幸福度は、ブータン政府の HP より、日本の幸福度は、内閣府経済社会総合研究所の「生活の質に関する調査結果」による。

済社会環境でも幸福度は異なるはずです。日本人がブータンで暮らしたら、ブータンの人たちと同じように幸福に感じるか（またはブータンの人が日本で暮らしたら、日本人と同じように幸福に感じるか）はわからないでしょう。

　国際比較が難しいのですから、当然のことながら、異時点比較も難しいでしょう。例えば、江戸時代の人々と現代の人々の満足度を比較して「どちらが幸せか」を比較できるでしょうか。人々はそれぞれの時代が規定する環境の中で幸せになろうとし、その結果幸せになったりならなかったりするのです。異なった環境のもとでの幸せ度を比較することはできないのではないかと私は思います。

　以上のように考えると、国民の「幸せ」が経済の究極の目標だからといって、幸福度そのものを政策目標にするのは考えものだということがわかります。

▍人々を幸せにする経済政策とは

　では、幸福度そのものではないとすれば、何を経済政策の目標にしたらいいのでしょうか。

　内閣府経済社会総合研究所では、2012年から大規模なアンケート調査を行って、どのようなことが幸福度に影響しているのかを調べています。この調査から、おおよそ次のようなことがわかりました。

①所得水準が高くなるほど、幸福感も高くなる。さらに、かなり明瞭に「生活のやりくりが容易である」人ほど幸福感

は高い。

②仕事をしている人は総じて幸福感が高く、仕事を探している人（失業者）は幸福感が非常に低い。

③結婚している人のほうが幸福感は高い。

④自分の健康状態についての評価が高い人ほど幸福感は高い。

⑤学歴が高いほど幸福感が高い。

⑥困難なときに助けてくれる人の数が多いほど幸福感が高い。

　要するに、「所得水準が高く、生活が楽で」「働いており」「結婚して」「健康であり」「学歴が高く」「頼れる人が身近にいる」人が幸福なのです。これは、きわめて常識的な結果と言えます。ただし、私は、経済政策とはそのすべてを実現することを目指すべきだとは思っていません。私が考える「経済政策が目指すべきこと」とは、「環境との調和を前提に、できるだけ高い成長率を実現し（できるだけ高い所得水準を実現し）、失業率を引き下げ（仕事をしたい人に仕事を提供し）、物価を安定化させる（生活のやりくりを楽にする）こと」です。適切な経済政策によってこれらが達成されれば、人々の生活は安定し、人々の幸福感は高まるはずだからです。

　しかし、「結婚」し、「学歴」が高く、「相談できる人が身近に存在している」ほうが幸せだからといって、こうした分野に政府が政策的に手を突っ込むのは疑問です。よく考えればわかるように、世の中には「結婚しない」「学歴にはこだわらない」

「他人に干渉されないような環境で暮らす」という道を選択している人も多いからです。つまり、「結婚」や「学歴」「人とのつきあい」などは、個人一人ひとりの価値観の問題であって、政府が介入すべき分野ではないと思います。

「結婚」や「学歴」について政策的に対応すべきことは、「結婚したくてもできない人」や「より高い教育を受けたくても受けられない人」にそれができるような環境を整備していくことであり、それはまた、できるだけ所得を引き上げ、生活を楽にすることにつながるのです。

▌経済政策の３つの基本目標

ここで、これまでの話を整理すると、次のようになります。

経済政策の目標とは、人々をできるだけ幸せにすることにあるのですが、そのためには人々の価値観に踏み込むのではなく、人々が自らの価値観に基づいて幸せを得やすいような経済環境をつくっていくことが求められます。それは、前述したように、「できるだけ高い成長率を実現し、失業率を引き下げ、物価を安定化させること」です。

これを言い換えると、経済政策の基本的な目標は次の３つということになります。

第１は、「経済成長」です。この点については後でさらに詳しく説明しますが、経済が成長すれば、所得や雇用の場も増えるので、人々はより幸せになるはずです。

第２は、完全雇用です。完全雇用というのは、働きたい人がすべて働く場を持つという状態を指します。失業率について、

詳しくは次章（第4章）で説明しますが、失業率がゼロということです。

　第3は、物価の安定です。人々の将来不安をなくすためにも、生活設計を安定させるためにも、物価はあまり上がったり下がったりしない安定的な状態が良いということです。これは主に金融政策が担当する分野です。

▍経済成長と三面等価の原則

　次に、私が特に重要だと考えている「経済成長」についてもう少し詳しく説明しましょう。まず、そもそも経済が成長するということがどんな意味を持っているのかを整理しておきます。

　経済成長は、GDP（国内総生産）がどの程度の勢いで増加しているかを指しています。GDPとは、国内で行われている経済活動の総量を計算したものです。そのGDPには「三面等価の原則」という定義的な関係があります。生産（供給）、支出（需要）、所得の3つは等しいというもので、これはよく考えればごく当たり前であることがわかります。

　例えば、誰かが200万円の自動車を買えば、200万円分の消費が増えます。これが「支出」です。次に、その支出が実現するためには必ず200万円の自動車が「生産」されているはずです（＊1）。そして、自動車を売った人は買った人が支払った200万円を受け取っている（「所得」）はずです。つまり、ある一定期間における経済全体の「支出」と「生産」と「所得」

＊1　ただし、ここで言う「生産」とは、単純な生産の合計ではなく、生産段階で付け加えられた「付加価値」ベースの生産を指しています。

は等しくなるはずです。これが「三面等価の原則」です。

　この三面等価の原則によって、GDPが増えると（つまり経済が成長すると）、支出、生産、所得が同じように増えることは明らかです。そこで、次のような「いいこと」が必ず起きます。

　第1に、一人ひとりの「所得」が増えます。所得が増えると人々が幸せになるということは前述の通りです。もし「これ以上所得が増えるのはいやだ」という人がいたら、その人は、増えた所得をどこかに寄付すればより幸せになるはずですが、私はいまだかつてそんな奇特な人をほとんど見たことがありません。はっきり言うかどうかは別として、誰もが「もっと所得が増えるといいな」と思っているのです。

　第2に、生産活動が活発化すれば雇用機会が増えます。これも前述のように、働きたいのに働く場を得られない人は幸福度が低いことが確かめられています。

　第3に、支出（需要）については、国内でお金が使われれば、それによって誰かの生活水準がより豊かになっているはずです。支出の中身としては、家計の消費や住宅投資、企業の設備投資、政府の支出などがあります。消費が増えれば、欲しいものが手に入り、住宅投資をすれば住む家を手に入れることができます。設備投資をすれば新しい機械設備が備えられて企業は助かります。政府の支出は、コロナ・ワクチンの接種、道路の建設などによって人々の役に立っています。

■成長によって生活水準は向上する

　ここで、興味深い事例を紹介しましょう。

1955 年に『週刊朝日』が「洗濯機と冷蔵庫─家庭電化時代来る」という記事を掲載しています。その中で、どのような家電製品を持っているかによって、生活水準を第 1 階級（最高位）から第 7 階級（最下位）に分けているのですが、それぞれの階級と、家電製品の対応は次の通りです。

第 1 階級　テレビ、真空掃除機
第 2 階級　電気冷蔵庫
第 3 階級　電気洗濯機
第 4 階級　ミキサー、扇風機、電話
第 5 階級　電熱器、トースター
第 6 階級　ラジオ、アイロン
第 7 階級　電灯

　当時の基準では、ここに出ている家電製品をすべて揃えていれば、全国民の中で最も豊かな家庭だと考えられていたわけです。
　その後日本は、いわゆる高度成長の時代に入り、15 年もの間、平均して毎年 10% もの高い成長率を続けたのです。この間に人々の所得は倍増し、生活水準も大きく上昇しました。ここで掲げたような家電製品も急速に普及し、国民すべてが第 1 階級に向かって進んでいったのです。
　これを見ていると、技術の進歩によって次々に登場する製品やサービスが、最初はぜいたく品だったものが、次第に普通の人が手にするようなものに変わっていっていることがわかりま

す。私はそれこそが経済が成長することだと考えています。世の中の議論を聞いていると、現在の私たちはもう十分豊かなのだから、これ以上経済は成長しなくてもいいのではないかと説く人もいます。しかし、これからも経済は発展し、新しい技術が登場するはずです。そういった新しい技術を生かして、生活を豊かにしていくためには、やはり経済成長が必要なのだと私は思います。

▍高度成長から低成長へ

　経済が成長することは大いに歓迎すべきことなのですが、1970年代後半からは、日本の成長率は平均4～5%程度に下がり、90年代以降は現在に至るまで1%前後となっています。1%前後という水準は、他の先進国に比べて低い成長率です。なお、本書で示しているような日本経済の現状についてのデータは、基本的なこととして頭に入れておいたほうがいいと思います。つまり、成長率という点では「近年の日本の経済成長率は1%程度であること」「2%程度の成長率であれば、経済はうまくいっているほうであること」といった程度は覚えておいたほうがいいということです。

　さて、こうして長期的に低い成長率を続けているということは、前述の数々の成長のメリットを享受する度合いが相対的に小さいということです。近年の日本の経済社会を見渡してみると、賃金・ボーナスなどの名目所得の上昇率は低く（マイナスになることさえありました）、国民は生活水準の高まりを実感できず、銀行にお金が余って処理に困るほど国内の投資活動は停

滞しており、多くの人が格差に敏感となり、そして巨額の財政赤字が累増しつつあります。こうしたことは、経済成長率が低いということがその有力な背景となっているのです。

■ 景気は良いのか、悪いのか

ところで、経済の状況を「景気が良い」とか「景気が悪い」という言葉で表すことがあります。では、「景気」が良いとか悪いというのはどういうことなのでしょうか。

この点を確かめるために、私の講義を聞いている高校生に、今の日本経済は「景気が良い」と思いますか、それとも「悪い」と思いますかという質問をしてみたところ、全員が「景気は悪い」という回答でした。そこで、その理由を尋ねたところ、次のような答えが返ってきました。

・「新聞やニュースを見て、物価が上がっているのに、賃金は上がらず、生活に困っている人が多いといったことを知ったから」
・「多くの人が経済の先行きに不安を抱いていると感じたから」
・「日本経済には、社会保障、少子化、財政赤字などいろいろな問題があると思ったから」

高校生の皆さんたちは、「日本経済には難しい問題がたくさんあるから、景気が良いとはとても言えない」と考えたようです。実際、高校生たちだけではなく、一般の人でもそう考えて

いる人は少なくありません。しかし、それは正しい答えとは言えません。

こうした高校生の皆さんの答えを聞いて私は、これは「定義」の問題であることがわかりました。経済の分野で「景気が良いか悪いか」ということは、「経済に問題があるかどうか」とは違うということです。

▍景気とは何か

そもそも「景気」とは何でしょうか。「景気」とは、「経済活動全般の動向」のことで、「景気」は良くなったり悪くなったりします。つまり、景気は変動するということです。

私はよく「景気はどのように変動するのか」と聞かれることがあるのですが、そういうときには、内閣府が毎月作成している「景気動向指数」の動きを示した図を見てもらうことにしています。「景気動向指数」というのは、生産や雇用、消費などの景気に敏感に動く9つの経済指標を単純に総合化したものです。

この指標を見ると、経済は常に波のように動いていることがわかります。これがまさしく景気の変動なのです。次ページの図3-1で、縦に引いた線が景気の山と谷を示しています。波が盛り上がった頂点近くに引いてある線が「景気の山」、底に当たるところに引いてあるのが「景気の谷」です。図の影の部分は、山から谷に向かう時期で、これが経済の後退期（景気が悪いとき）となります。それ以外の時期は経済の拡張期（景気の良いとき）になります。

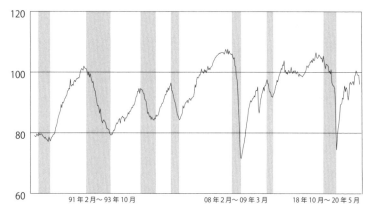

図3-1 景気動向指数の変動 一致指数。1985年から2023年1月までの各月データ。2015年＝100（内閣府「景気動向指数」2023年3月）

　図3-1を見ると、2020年の初めにカーブが大きく下向きになっています。新型コロナ感染症の影響です。その後、カーブは上向きに転じ、2023年末頃までは上向きの動きが続いています。つまり、日本経済は「景気は良い」ということになります。

　先ほど説明したように、高校生たちが全員、「景気が悪い」と答えたのは、景気の定義を間違って理解しているからです。つまり、次のように考えたわけです。

・景気とは「経済が順調に進んでいるかどうか」ということ。
・今の世の中には経済的課題がたくさんある。
・だから、経済は順調ではなく、景気は悪い。

このように考えてしまうと、よほどのことがない限り「景気は悪い」状態が続いてしまうことになります。

景気の変動を読み解く

図 3-1 をもう少し丁寧に眺めてみると、次のようなことに気がつくはずです。

当然のことですが、景気の悪いときと良いときは交互に現れていて、どちらかが一方的に長く続くということはありません。ということは、どんなに景気が良くても、いつかは悪くなり、どんなに景気が悪くても、いつかは良くなるということです。

2008 年と 2020 年に景気が急激に悪化していることもわかります。2008 年の落ち込みは、いわゆる「リーマン・ショック」のときで、アメリカの大手金融機関リーマン・ブラザーズが破綻して、これをきっかけに世界全体経済が大きく落ち込みました。2020 年は、言うまでもなく、新型コロナの影響です。このときは、新型コロナに対処するため緊急事態宣言が出され、旅行、外出、外食が厳しく制限されたときです。しかし、この図を見ると、このときの落ち込みは短期間で終わり、その後、日本経済は上向きの動きを続けてきたことがわかります。

2 財政政策と金融政策

財政・金融政策の基本

さて、この章の冒頭で、「経済政策とは、希少な資源を使って、私たちの暮らしをできるだけ幸せで豊かなものにすること」という説明をしましたが、その経済政策の基本は、財政政策と金融政策です（図3-2）。

財政政策としては、自由な市場では解決できないような分野について、公共サービスを提供し、社会保障を整備したり、教育、環境保全、災害対策などを行ったりしています。

金融政策としては、主に短期金利（期間が短い貸し出しに適用される金利）に働きかけることによって「物価の安定」を図っています。

こうした財政・金融政策にはいろいろなものがあるのですが、ここでは、日々の経済議論の中で話題になることが多い、「経済全体の安定化」という側面からの財政・金融政策の議論を紹介します。

教科書的に見ると経済政策の基本は次のようになります。

経済政策の1つの大きな目的は、ここで見たような景気変動を小さくすることです。特に、経済が悪いときには政策の力でこれを良くしようとします。そのための財政政策としては、公共投資を増やしてやや強引に経済活動を拡大したり、減税を

財政政策	金融政策
政府	**中央銀行**
政府支出や減税を利用した市場介入 ○公共事業➡雇用拡大や所得増加 ○所得税や法人税等の減税 　➡個人の可処分所得増加や企業収益 　　改善を通じて消費や投資を促す	公開市場操作（短期金融市場で短期国債や手形などを売買する）を通じて短期金利を操作する

図 3-2　財政政策と金融政策

行って消費者の懐具合を良くして消費活動を活発にしたりしようとします。また、金融政策では、日本銀行が金利を下げて、設備投資や住宅投資を促進することによって経済を活性化しようとします。

　しかし、私としては、現時点（2023年4月）でこうした経済政策の基本を議論するのは、やや空しい気持ちがします。というのも、近年は、あまりにもこの基本から離れた財政・金融政策運営が続けられているからです。もう少し詳しく説明しましょう。

近年の金融政策

　金融政策としては、低い物価上昇率が続く「デフレ」からの脱却を目指して、これまで見たこともないような金融政策が次々に繰り出されてきました。この点については、現在進行中の政策であり、まだ評価も定まっていないので、ここではごく概要だけ紹介します。

　日本の物価は、バブルが崩壊した90年代前半から極めて低

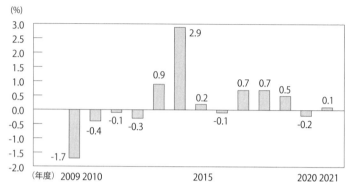

図 3-3　消費者物価指数の動向　総合指数。前年度比（%）。2014年度が高い上昇率になっているのは、消費税率を引き上げたためです。（総務省資料 2022 年 4 月発表）

い上昇率を続けてきました。1991 〜 2000 年平均の消費者物価指数（総合）（＊2）は 0.8%、2001 〜 2010 年の平均がマイナス 0.3%、2011 〜 2020 年の平均が 0.5% という具合です（図 3-3）。

　物価上昇率が高まるのが「インフレ」で、これが困ったことであるのは誰でもわかります。物価が上がれば生活は苦しくなり、預貯金も物価上昇の分だけ目減りしてしまうからです。では、物価は下がったほうがいいかというとそうも言えません。物価が上がらないと、賃金も上がらず、身の回りの経済が停滞してしまうのです。

　そこで、こうしたデフレ的状況から脱却するために、2013 年 1 月、政府と日本銀行は共同声明を発表し、2% を物価上昇

＊2【消費者物価指数】私たち消費者が購入する商品やサービスの値段の動きを表したものです。これにはいくつかの種類がありますが、ここで示した「総合」というのは、すべての商品やサービス全体を対象としているという意味。他にも、価格変動の激しい生鮮商品やエネルギー関連商品を除いた物価指数も使われています。

率の目標として、その早期実現に努めることにしました。いわゆる「インフレ・ターゲット」と呼ばれるものです。

また、同年3月に就任した黒田東彦日本銀行総裁は、「今後2年」でこの2%目標を達成することを目指して、次々と前例のない金融緩和策を繰り出していきました。2013年4月の量的・質的金融緩和（経済に出回るお金の量を思い切って増やそうとする政策です）、2016年1月のマイナス金利の導入（金融機関が日本銀行に預けたお金の一部に手数料がかかるようにしたのです）、2016年9月のイールドカーブ・コントロール（普通は短期金利をコントロールするのですが、長期金利もコントロールし始めたのです）などがそれです。

しかし、物価はなかなか上昇せず、2%の目標が実現しないまま、ずるずると異次元緩和が続いて今日に至っているのです。

2023年4月からは、黒田総裁に代わって植田和男氏が日本銀行の総裁になりました。植田総裁がどのように金融政策を運営していくか注目されます。

▎近年の財政政策

財政面では、教科書的には、景気が悪いときには財政面から景気が上向きになるようにし、景気が過熱したようなときには、財政面から経済にブレーキをかけることになります。しかし、近年では、景気刺激のための政策が一方的に繰り返されています。具体的には、2020年頃から、毎年のように「緊急経済対策」を決定して、景気対策のための財政支出を増やす一方で、当初予定されていた消費税率の引き上げは延期されてきました。

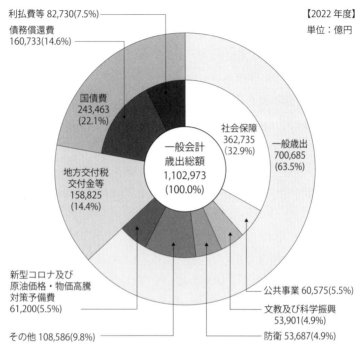

利払費等 82,730(7.5%)
債務償還費
160,733(14.6%)

【2022年度】
単位：億円

国債費
243,463
(22.1%)

一般会計
歳出総額
1,102,973
(100.0%)

社会保障
362,735
(32.9%)

一般歳出
700,685
(63.5%)

地方交付税
交付金等
158,825
(14.4%)

新型コロナ及び
原油価格・物価高騰
対策予備費
61,200(5.5%)

その他 108,586(9.8%)

公共事業 60,575(5.5%)

文教及び科学振興
53,901(4.9%)

防衛 53,687(4.9%)

図3-4　国の歳出の内訳（財務省「日本の財政関係資料」2022年10月）

▍日本の財政の姿を見る

　ここで日本の財政の姿を概観しましょう。ここで示すデータは、2022年度の補正後の国の予算によるものです。

　まず、歳出の総額は約110兆円で、その内訳を見ると、「社会保障費」が33%、「国債費」が22%、「地方交付税交付金等」が14%となっており、この3分野で約7割を占めていることがわかります（図3-4）。

　なお、「社会保障費」とは、年金、医療、介護、子育て支援

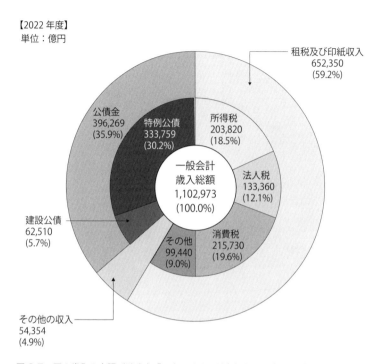

【2022 年度】
単位：億円

租税及び印紙収入
652,350
(59.2%)

公債金
396,269
(35.9%)

特例公債
333,759
(30.2%)

所得税
203,820
(18.5%)

法人税
133,360
(12.1%)

一般会計
歳入総額
1,102,973
(100.0%)

建設公債
62,510
(5.7%)

その他
99,440
(9.0%)

消費税
215,730
(19.6%)

その他の収入
54,354
(4.9%)

図 3-5　国の歳入の内訳（財務省「日本の財政関係資料」2022 年 10 月）

などのための支出であり、「国債費」とは、国の借金である国債の利子の支払い費や償還のための経費であり、「地方交付税交付金」とは、どこでも一定のサービス水準が維持されるよう国が調整して地方公共団体に配分する経費のことです。

　一方、歳入の総額は歳出と同じ約 110 兆円で、その内訳は、公債金（国債による借金）が 36%、所得税（19%）、法人税（12%）、消費税（20%）などの税収が 60% です（図 3-5）。

　以上をまとめて、日本の国の財政の姿を一言で表せば、「歳

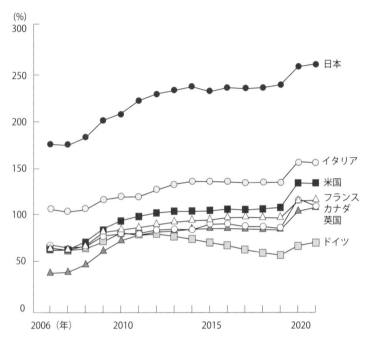

図 3-6　国の債務残高の GDP 比率の国際比較（出典：IMF〝World Economic Outlook〟2021 年 10 月）

出では社会保障が最大の支出項目となっていて、歳入の3分の1以上が借金で賄われている」ということになります。このような「借金依存型の財政」を続けてきた結果、国の借金の残高は、国民全体が1年間で生み出す経済活動の総額である GDPの約 2.6 倍もの規模に膨れ上がっています。他の主要先進諸国は、この比率が 0.9 〜 1.5 倍ですから、日本の借金の大きさは際立っていることがわかります（図3-6）。

▍日本の財政の将来を考える３つのポイント

　ここで財政の将来を考えるうえで重要なポイントをいくつか指摘しておきましょう。

　第１は、社会保障費は今後しばらくの間、何もしないでいるとどんどん増え続けるということです。これは今後、人口に占める高齢者（65歳以上）、さらには後期高齢者（75歳以上）の人の割合が増えるという「高齢化」によるものです。

　人は年齢が高まるにつれて、どうしても社会保障のお世話になることが多くなります。例えば、65～74歳の人の１人当たり平均医療費は56.7万円ですが、75歳以上になるとこれが93.1万円に増えます。同様に、１人当たりの平均介護費用も4.9万円から47.4万円に増えます。現在の制度を維持していると、高齢化が進むにつれて社会保障費はどんどん増えていくのです。したがって、経済の専門家（エコノミスト）の多くは、膨らむ社会保障費を賄うために「国民負担の増加が不可避だ」と考えているのです。

　第２は、財政赤字が永遠に続けられるかという問題です。仮に財政赤字が続いても、それで経済に問題が出ないのであれば、赤字を気にする必要もないということになります。

　ここで鍵を握るのが、「債務残高のGDP比率」です。財政赤字が続いたとしても、現在GDP比約2.6倍の債務残高のGDP比率が一定を保っていれば、いつまでも同じ状態を続けることができるはずです。この場合の財政は、維持可能性がある（サステナブルである）ということになります。「債務残高のGDP比率」を一定に保つための条件は、次の２つです。

1つは、税収と一般歳出（国債費以外の歳出）の差（これを「プライマリー・バランスまたは「基礎的収支」と言う）が均衡しているか黒字であることです。これが均衡していれば新しい借金は増えませんが、赤字だと借金が増えてしまいます。「既に借りてしまった借金は仕方がないが、せめてこれからの日々の暮らしが借金頼みにならないようにしよう」ということです。

　もう1つは、名目経済成長率が長期金利（国債の利子）と等しいか、それ以上であることです。名目成長率が国債の利子以上であれば、借金をくり返していても、GDP のほうが大きく増えるので、債務残高の GDP 比率は上昇しません。

　近年の日本は、プライマリー・バランスは赤字続きだったのですが、日本銀行が長期金利をほとんどゼロにするという政策をとっていたため、債務残高の GDP 比が抑えられていたのです。それでも債務残高の GDP 比が上昇していたのですから、今後、金融政策の枠組みが変わり、長期金利が上昇すると、この比率はさらに上昇していくことになります。このままこの比率が上昇し続けていくと、いつかは国の財政は破綻してしまうのではないかと考えている専門家も少なくありません。私も大変心配しています。

▍一般の人は消費税が嫌い

　第3は、消費税についてです。これは身近な問題で、皆さんにもぜひ考えて欲しい問題です。第2章で紹介した「アンケート調査」では、一般の人と専門家との間でかなり意見が異なっていたのが「消費税」についての意識でした。例えば、一般の

人は消費税に対して「逆進的」「景気に悪影響がある」といった否定的なイメージを持っているのに対して、専門家は「公平で適切」という意見が多いのです。

　また、消費税率についても、一般の人は「税率を引き下げるか廃止」または「現行10%」とする答えが大部分だったのですが、（読者の皆さんは驚くかもしれませんが）、専門家の多くは「15〜20%」としており、「25%」という意見も少なからずあるのです。私自身も、少なくとも20%程度は必要なのではないかと考えています。

　要するに、一般国民は、国民負担を避けようとしており、負担を求めるとしても自分の懐を痛めるようなことはしたくない。消費税率のこれ以上の引き上げなどとんでもないと考えているのです。一方で、専門家は、国民負担は避けられず、そのためには今後消費税率の引き上げが望ましいと考えているのです。

　多くの人が消費税を嫌いなのはよく理解できます。消費という活動は誰もが日々行っているのですから、その消費のたびに10%税金を取られるのはかなわないということなのでしょう。しかし、そういう心情がもっともだとすると、専門家はなぜ、消費税率の引き上げが望ましいと考えているのでしょうか。

▎消費税は公平な税金

　これにはいくつかの理由がありますが、私は次のように考えています。

　まず、消費税は公平な税金です。所得の多い人ほど消費も多

いはずですから、所得の多い人ほどより多くの消費税を負担していることになります。「所得税」は所得の入り口で税金を徴収しているのに対して、「消費税」はお金を使う出口で税金を徴収していると考えることができます。また、所得の入り口で税を徴収する「所得税」では、人はさまざまな税金逃れをしようとするのですが、お金を使う出口で徴収する「消費税」では、徴収を逃れる道はほとんどありません。

　消費税と所得税の違いはもう1つあります。所得税では、所得の多い人ほど税率が高くなるという「累進税率」が適用されていますが、消費税は所得にかかわらず一律です。また、所得の低い人ほど、所得に占める消費の比率（これを「消費性向」と言います）が高いので、所得との対比で見た税負担の比率は低所得者ほど高くなります。これを「逆進性」と言います。ただし、若いうちは所得が低く、年齢を重ねると所得が上がっていくわけですから、人の一生を平均して考えると、「逆進性」は薄れるという指摘もあります。

軽減税率について考える

　現在の日本の消費税の税率は10%ですが、「酒類・外食を除く飲食料品」および「定期購読契約が締結された週2回以上発行される新聞」を対象に「軽減税率」が実施されています。軽減税率対象品目の税率は8%です。

　軽減税率についても、一般の人と専門家の間で大きく意見が分かれているので、高校生に次のような質問をして、4つのグループに分かれて議論してもらいました。

質　問　　現在、食料品や日刊紙には 10% ではなく 8% の軽減税率が適用されています。これを今後どうすべきだと思いますか。次の中から選択してください。

　　　　　　①現在の姿を維持すべき
　　　　　　②住宅費や教育費などにも対象を広げるべき
　　　　　　③食料品だけにして日刊紙への適用はやめるべき
　　　　　　④廃止すべき

回　答　　①３グループ
　　　　　　②１グループ
　　　　　　③ゼロ
　　　　　　④ゼロ

著者解説

　私を含めて圧倒的多数の専門家は④と答えるだろうと思います。ここでも、皆さんと専門家の考えはかなり違うことがわかります。

　では、専門家はなぜ軽減税率に反対なのでしょうか。私の知る限り、この軽減税率の導入に賛成する経済学者をほとんど見たことがありません。その最大の理由は、「公平性のための政策としては非効率的だ」ということです。これはどういうことなのか、表3-2の数値例を使って説明しましょう。

　年収 300 万円の世帯の食料品支出が 100 万円とします。食料品は必需的な性格が強いので、年収が増えてもそれほど食料

年収 (万円)	食料品 支出額 (万円)	消費税(10%) 負担額 (万円)	同年収比 (%)	5%にした場合 の負担軽減額 (万円)	同年収比 (%)
300	100	10	3.3	5	1.7
400	120	12	3.0	6	1.5
500	140	14	2.8	7	1.4
600	160	16	2.7	8	1.4
700	180	18	2.6	9	1.3
800	200	20	2.5	10	1.3
900	220	22	2.4	11	1.2
1000	240	24	2.4	12	1.2

表 3-2　食料品への軽減税率の数値例 （筆者作成）

品への支出は増えないはずです。わかりやすく言えば、仮に年収が2倍になったとしても、ご飯を2倍食べるわけではないということです。ただし、所得に比例して増えるわけではないにしても、所得が増えれば、より値段の高いものを食べるようになりますから、食料品への支出額も増えていくはずです。そこで、この数値例では、年収が100万円増えるごとに食料品支出は20万円増えるとします。すると、年収1000万円の世帯の食料品支出は240万円となります。

　次に、消費税を10％にすると、年収300万円世帯の税負担額は10万円、1000万円世帯の負担額は24万円になります。年収に占める比率は、300万円世帯が3.3％、年収1000万円世帯では2.4％です。所得が低い層ほど、所得比で見た税負担が高くなっています。これが「逆進性」です。

　この逆進性をなくすために、食料品を軽減税率の対象にして税率を5％に据え置いたとします。ここで、軽減税率が適用さ

れたために税金を払わないですんだ金額分を「補助金」の受け取りと考えると、300万円世帯への補助は5万円、1000万円世帯への補助は12万円となります。何と、高所得層のほうが7万円も多くの補助を受けることになるのです。確かに低所得層を補助してはいますが、高所得層に対してより大きな補助を行っているということです。このように考えると、軽減税率がいかに非効率的な分配政策であるかがわかるはずです（表3-2）。

つまり、軽減税率は、一見すると良い政策のようなのですが、よく考えると非常に効率の悪い（つまり国民負担の大きい）政策なのです。一般の人は、一見して判断しているのでこれに賛成し、専門家はよく考えて判断しているのでこれに反対しているわけです。

▍政策の現場を考える

最後に、やや蛇足気味ではありますが、経済政策を実施する「官庁」という組織についての高校生との議論を紹介します。私は大学で教鞭を執る前に、長い間政府の役人として経済政策の現場を実際に体験していますが、高校生たちが経済政策の現場をどのように考えているのか知りたかったからです。

高校生との対話

質　問　　あなたは政府のある部局で働いています。役所に入ったばかりです。あなたが働いている部局に、大臣から景気を良くするために商品券を配る手配をせよという指示がありました。ところがあなたは商品券を配っても貯金に回るだけだからやめたほうがいいと

思っています。あなたはどうしますか。次の中から選んでください。

①大臣の指示だから、大臣の指示に従って手配をする。
②自分は反対なので「そんなことはできません」と言って指示を拒否する。
③大臣の考えは間違っていると思うから大臣を説得する。
④マスコミなどの部外者に事情を話し、外から反対意見が盛り上がるように働きかける。「うちの大臣はこんなナンセンスなこと言っているんですよ、ちょっと新聞に書いて反対してくださいよ」と言って頼む。
⑤抗議のため退職する。
⑥どうしていいかわからない。

回　答

　　　①９人
　　　②４人
　　　③６人
　　　④７人
　　　⑤なし
　　　⑥３人

著者解説

　「①大臣の指示に従って手配」が最も多い結果が出ました。結論から言えば、私もそう対応します。
　「④部外者に事情を話し、外から反対意見が盛り上がるよう

100

に働きかける」が２番目に多いというのは私には驚きでした。選択肢に含めていながら言うのもなんですが、④は選択すべきではありません。機密漏洩であり、懲罰の対象になる可能性があるからです。それを覚悟で行うのであれば別ですが、これは政府に限らず企業でも同じことです。

「⑥どうしていいかわからない」というのが高校生の正直な意見だと思いますが、どうしていいかわからないときには、誰かに相談すればいいのです。

「③大臣を説得する」は、あり得るように思うかもしれませんが、これはなかなか難しいことです。例えば、令和４年６月１日から「子育て世代に１人10万円を配る」という決定がなされました。与党の中で相談して、その結果を受けて政府が決定し、この政策を実行するのが総務省です。そのようなとき、各省のさまざまな部局から役人が次から次に来て、総務大臣に対して「賛成」とか「反対」とか言い出したら、いつまでたってもこの政策を実行することはできなくなります。したがって、幹部でもない人間が「大臣を説得する」ということはほとんど考えられません。

要するに、①を選択するしかないということであり、それが役人の仕事なのです。仮に、役人が反対することはしないということになれば、これは民主主義に反することになります。日本の民主主義の基本原則は、国民から選ばれた国会議員が民意の代表であり、国会議員が中心になって内閣が組織され、その内閣が政府をコントロールするという議院内閣制だからです。

もちろん役人は何も考えないでいいということではありません。例えば大臣が、景気を良くしたいのだがどうしたらいいだろうとアイディアを求めてくるようなことはいくらでもありま

す。そのようなアドバイスを求められたときには、私はこう思うとしっかり答えなければいけません。そして、当然のことですが、その意見を採用するか否かは大臣の責任で行うべきことなのです。

第4章

どうなる、これからの働き方

この章では「働く」ということについて考えます。「働く」ということは、特にこれから社会に出ようとする若い人々にとっても切実な問題です。その大切な「働き方」が、これから新しい方向に向かっている、というのが私の考えなのです。

　以下ではまず、「働く」ということがどうして重要なことなのかを考えます。「働く」ということは、単に生活のためのお金を稼ぐだけの場ではありません。社会全体にとっても、一人ひとりの個人にとってもさらに重要な意味を持っているのです。

　その働き方には「日本的」とも言うべき日本独特の仕組みがあります。本章ではこれを「メンバーシップ型」と「ジョブ型」という区分を使って説明します。私は日本の雇用システムは今後「ジョブ型」に向かうべきだと考えているのですが、この点は意見が分かれるところですので、読者の方々はぜひ自分の頭でどういう方向を目指すべきかを考えてみてください。

1 日本人の働き方

▍働くことはなぜ重要なのか

　働きたいと思う人が働く場を持つという「完全雇用」が経済政策の最重要目標の1つであることは、すでに説明しました。極端な話、私は、この点さえ実現できれば、それ以外の経済問題は多少目をつぶってもいいとさえ考えています。働くということはそれほど重要なのですが、その理由としては、次のようなことが考えられます。

　第1は、家計にとって、所得を確保するための最も有力な手段だということです。家計の稼ぎ手が失業してしまったら、一家はパニックになるでしょうし、最悪の場合は路頭に迷ってしまうことになるかもしれません。雇用が安定していればこそ、人々は安心して毎日の生活を送ることができるのです。

　第2は、労働力は一国の経済にとって重要な「生産要素」の1つです。ここで「生産要素」とは、財貨やサービスを生み出すために必要となるもののことです。働きたい人がいるのに、その人のための働く場が用意されていないということは、労働力という生産要素が十分活用されていないということになります。つまり大変な無駄をしているということなのです。

　第3に、「働く」ということは、「個人」と「社会」をつなぐ場を持つことでもあります。大部分の人々は、働くということ

を通じて社会に参加し、自己実現を図っています。私たちは、所得を得るためにだけ働くのではありません。「働くことは苦痛、余暇は楽しみ」という人がいますが、私の経験を踏まえて考えてみると、働くことは苦痛で、余暇さえあれば満足ということはあり得ません。働いているからこそ、余暇が楽しいのだと思います。

　もし莫大な遺産を相続して、一生働かないでもいいという状態になったら、働くのをやめて遊んで暮らすのでしょうか。「もちろん遊んで暮らす」と言う人もいるかもしれません。しかし、いったい毎日何をして遊ぶのでしょうか。友達はみんな働いているから、毎日の遊びにつき合ってくれる人はあまりいないはずです。私なら、たちまち退屈してしまいます。

▎何歳まで働くか

　人は何歳まで働くことを望んでいるのでしょうか。内閣府が2019年に行った「高齢者の経済生活に関する調査」では、「あなたは、何歳ごろまで収入を伴う仕事をしたいですか。または、仕事をしたかったですか」という質問があります。その答えを集計したのが図4-1です。

　図を見ればわかるように、調査対象の60歳以上の人の8割以上は働き続けたいと考えており、約2割の人が「働けるうちはいつまでも」と答えています。私自身も、働けるうちはいつまでも働きたいと思っています。自分で「どうしてだろう」と考えてみると、「お金が欲しい」という気持ちよりも（もちろんお金も欲しいですが）、「社会から求められるうちは、自分の

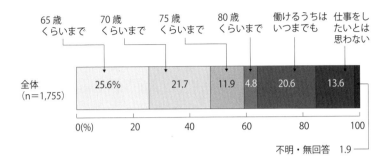

図4-1 何歳ごろまで働きたいか（出典：内閣府「高齢者の経済生活に関する調査」2019年）

能力を生かし続けたい」「社会とつながっていたい」という気持ちが強いように思います。

　以下では、「働く」ということについて、「日本的な働き方はどう変化しつつあるのか」「コロナを契機に、働き方にはどんな変化が起きたのか」という観点から考えてみます。

▊「日本的な働き方」の３つの特徴

　まず、「日本的な働き方」についてです。

　「働き方」という点では、日本は独特の働き方を維持してきました。一般的には、この日本独特の働き方は「日本型雇用慣行」と呼ばれているので、本書でもそう呼ぶことにします。

　実際、この日本型雇用慣行はかなり強固に、日本の経済社会の中に組み込まれたものとなっています。もちろん、何をもって日本型雇用慣行とするかについてはさまざまな考え方があるのですが、私は次の３つが主な特徴だと考えています。

第1は、「長期雇用」(いわゆる「終身雇用」)です。日本の代表的な企業では、労働者は新規学卒者として一括採用され、基本的には定年までの雇用が保障されてきました。なお、私たちは、当然のように「定年まで働く」「定年で辞めるときには退職金を受け取る」ということを前提にしていることが多いのですが、この「定年制」や「退職金」も日本型雇用慣行の1つだと言っていいかもしれません。

第2は、「年功型賃金」です。日本の賃金は、年齢、勤続年数が加わるにしたがって、昇進、昇給があるという年功型の色彩が強いという特徴があります。そうはいっても、文字通り年齢や勤続年数だけで賃金を決めている企業はなく、勤務成績の評価に基づいた分を含めて賃金を決めています。ただ、日本の場合は、賃金のうち年齢・勤続年数による部分の比率が高いということなのです。

第3は、企業に入ってからの教育・訓練が「オン・ザ・ジョブ・トレーニング (OJT)」中心だということです。オン・ザ・ジョブ・トレーニングとは、「仕事をしながらさまざまなノウハウを身につけていくやり方」のことです。日本の企業は、新卒一括採用した新人に、2～3年ごとに異なった職場を経験させることによって、企業にフィットした人材を育成してきたのです。

▌日本型雇用慣行と相互補完性

「長期雇用」「年功型賃金」「オン・ザ・ジョブ・トレーニング」という特徴を持つ日本型雇用慣行が、これまで安定的に存在し

てきたことについては、さまざまな理由が考えられますが、ここでは、「相互補完性（complementarity）」と「履歴現象（ヒステリシス＝hysteresis）」という２つの考え方を使って説明します。

　まず、「相互補完性」についてです。「相互補完性」とは、「相互に依存し合いながら存在している」という状態を指します。つまり、日本型雇用慣行の３つの特徴は、それぞれが独立に存在しているのではなく、お互いにその存在を支え合いながら続いてきたということです。

　典型的な例が、「長期雇用」と「年功賃金」の相互補完性です。年功賃金のもとでは、年齢が若いときは「実際の働きより実入りが少なく」、その分を年齢が上がってから「働きの割には実入りが多い」ということで取り戻していると考えられます。それが可能になるのは、同じ企業で働き続けるという前提があるからです。働く側から見ると、途中で会社を辞めてしまうと、「元を取れない」ことになるので、同じ企業にとどまる強いインセンティブが生じます。一方、企業サイドから見ると、年功賃金は、いわば将来の賃金上昇を人質にして、労働者を企業内に囲い込んでいるとも言えます。

　「オン・ザ・ジョブ・トレーニング」と「長期雇用」の間にも相互補完性があります。企業が時間とコストをかけて従業員を訓練していくと、労働者はその企業にフィットした人材になっていきます。そして、企業側にとっては、せっかく人材育成の投資をしてきたのですから、いつまでも同じ企業で働いてもらう必要があります。一方、労働者は時間をかけて企業にフィットした能力を身につけるわけですが、それはその企業で

しか通用しない、いわば「特殊な能力」なので、その企業の外に出ると「能力」を発揮できる余地は大幅に下がります。つまり、労働者としての価値が下がってしまうので、ここでもいつまでも同じ企業にとどまろうとする強いインセンティブが生まれるのです。

▌履歴現象とは

　もう1つは「履歴現象（ヒステリシス）」ですが、これは、現在の状況が、現在の環境だけではなく、過去のできごとによっても影響を受けているという状況を指します。例えば、Aという環境条件のもとで最適な姿としてBという状態になったとしましょう。そのAという環境がCへと変化したとき、Bがすぐに変化するかというとそうはならないで、Bのままでいることがあります。これが「ヒステリシス」です。たまたまある理由で存在したものが、長く続くにつれて次第に社会に当然のこととして根づいてしまい、いわば惰性で変わりにくくなってしまうわけです。

　履歴現象の典型的な例がパソコンなどのキーボードの文字配列です。キーボードのアルファベットの文字は、なぜ現在のような配列になっているのでしょうか。これはかつてのリボン式のタイプライターの名残だと言われています。写真は昔のタイプライターですが、文字配列は今のパソコンのキーボードと同じであることがわかります。

　リボン式のタイプライターは、キーを押すと、その文字を刻んだバーが飛び出して、リボンをたたき、紙に活字を印字する

伊藤事務機の「Royal Bar-Lock No.10」 伊藤事務機株式会社（大阪市）はタイプライター販売店として、昭和28年に開業(創業 伊藤タイプライター商店)。タイプライター資料館を所有。資料館には、1880年頃からの英文タイプライター、計算機、チェックライターなど、約100台が常設展示されている。(写真は伊藤事務機提供)。

という構造になっています。したがって、頻繁に使われる文字が近くにあると、飛び出してくるバーが相互に絡み合ってしまうことになります。そこで、それぞれの文字を刻んだバーが相互に絡み合わないような配列が考えられ、それが現在のパソコンのキーボードの文字配列になっていると言われています。

　もちろん現在では、パソコンから文字を刻んだバーが飛び出してくるわけではありませんから、何も昔のタイプライターの文字配列にこだわる必要はありません。しかし、多くの人々がすでにこのキーボード配列にすっかり慣れてしまっているので、これを変えられなくなり、特に理由のない配列が、履歴現象としていつまでも維持されることになっているのです。

▎日本的雇用関係と履歴現象

　日本型雇用慣行にも同じようなところがあります。あまりに

も長く現在の慣行が続いたので、多くの人がこれを当然のことと考えるようになっているのです。つまり、「日本的雇用慣行は人為的な慣行なのだから、時代の要請に合わせて変更すべきだ」などとは考えないのです。

「定年」という仕組みにも同じようなところがあります。私は次のような経験をして、「定年制」が履歴現象であることを実感しました。それは、大学の期末テストで、「貯蓄行動のライフサイクル仮説」（＊1）を描いた図を示し、「仕事を辞めるとき」を空欄にして、これを埋めるという問題を出したときのことです。すると、かなり多くの学生が、この空欄に「定年」という解答を書き込んだのです。つまり、多くの学生は「自分が仕事を辞めるときは、定年になったときだ」と考えているということです。まさに「履歴現象」です。

実は、「定年」という仕組みは、日本が制度的につくり上げたものです。現にアメリカでは、年齢差別禁止法によって「定年」を禁じています。特定の年齢で雇用したり、雇用を止めたりするのは、年齢によって人々を差別しているという考え方です。例えば、「男性は雇うが、女性は辞めてもらう」と言えば、「男女差別だ」といって非難されるはずです。定年制というのは、「あなたは60歳以下だから雇うが、あなたは60歳を超えたので辞めてもらう」ということですから、男女差別と同じような差別だというわけです。私もそう思います。

*1【貯蓄行動のライフサイクル仮説】（人々は一生の間で、仕事をして収入のあるときに将来に備えて貯蓄をし、引退後はその貯蓄を取り崩して生活を維持するという仮説）

日本になぜ定年制があるのか

　ではなぜ、日本では定年が一般的に存在するのでしょうか。これは日本の賃金に年功的な色彩が強いからです。年功的な賃金体系のもとでは、前述のように、労働者は年齢が上がってから相対的に高い賃金を受け取ることによって若い頃の低賃金をカバーすることになります。しかし、長期雇用のもとでこれをいつまでも続けていると、企業は割高な賃金をいつまでも払い続けなければならないことになります。そこで、一定の年齢を区切って、強制的に退職してもらう仕組みが必要となるのです。こうして、日本型雇用慣行のもとでは、年功賃金、長期雇用、定年制がワンセットで実現することになるのです。

　以上、日本型雇用慣行が強固に続いている背景として、「相互補完性」と「履歴現象」という２つの要因を指摘しました。要するに、日本型雇用慣行を構成する諸要素は相互に補完性を持っているので、１つの「部品」だけを取り換えるわけにはいかないのです。つまり、どうしても全体をワンセットで残すことになってしまうということです。また、履歴現象が強いので、人々はこうした慣行をなかなか変えようとはしないのです。さらに言えば、多くの人々は現在の慣行を「続けたい」と考えているようなのです。

強く支持されている日本型雇用慣行

　日本型雇用慣行が、多くの人の支持を得ていることは次の調査からもわかります。

　それは、労働政策研究・研修機構が行った「第７回勤労生活

調査年	1999年	2000年	2001年	2004年	2007年	2011年	2015年
全体 (%)	72.3	77.5	76.1	78.0	86.1	87.5	87.9
20〜29歳	67.0	73.5	64.0	65.3	81.1	84.6	87.3
30〜39歳	69.1	72.0	72.6	72.1	85.9	86.4	88.4
40〜49歳	70.8	77.3	74.6	76.9	86.5	87.8	88.6
50〜59歳	71.0	77.1	78.9	80.0	86.0	85.2	88.1
60〜69歳	75.4	80.1	78.4	82.6	86.5	89.8	88.1
70歳以上	83.2	84.0	85.0	85.4	87.7	88.7	87.1

表4-1　終身雇用を支持する人の割合（出典：労働政策研究・研修機構「第7回勤労生活に関する調査」2016年6月）

に関する調査」（2016年6月）ですが、それによると、「終身雇用」（1つの企業に定年まで勤める日本的な「終身雇用」）について、「良いことだと思う」「どちらかといえば良いことだと思う」の合計は87.9％でした。つまり、約9割の人が「終身雇用」を指示しているということです。

　さらに興味深いのは、若年層の「終身雇用」支持率が上昇していることです。表を見れば明らかなように、2004年までは、年齢が上がるほど「終身雇用」支持率が高いという明確な関係がありました。例えば、2004年調査では、20〜29歳の支持率が65.3％であるのに対して、60〜69歳は82.6％となっており、その差は17.3ポイントありました。ところが2007年調査では、その差が5.4ポイントに縮まり、2015年調査では0.8ポイント差にまで縮まっているのです（表4-1）。

　「年功賃金」についてもまったく同じ結果になっています。全体として「年功賃金」を支持する割合は76.3％で、これを

年齢別に見ると、終身雇用とまったく同じように、若者の支持率が上昇しているのです。さらに言えば、望ましいと考えるキャリア形成についても、一企業型を支持する向きが増えています。

まとめ

　以上をまとめると次のようになります。

　日本の労働者は、終身雇用、年功賃金、一企業内でのキャリア形成という雇用慣行を支持する割合が高く、その支持は近年さらに高まっています。特に若年層の変化が目立ちます。

　これまで、若年層は、高齢層に比べれば相対的に、終身雇用、年功賃金ベッタリではなく、一企業キャリアにこだわる程度も低かったのです。考えてみればそれはごく自然のことです。若い人たちは、自分の将来の可能性を信じる度合いが強く、自分のキャリア機会を広く捉えるでしょうから、終身雇用や年功賃金にこだわる度合いは低く、複数企業をまたがるキャリア形成もあり得ると考えるからです。

　しかし、近年の若年層は日本型雇用慣行を好むようになっています。おそらく、大学や高校の卒業時点での雇用情勢が厳しく、安定的な就職先を確保するのに大変な苦労をしたので、入ったからには雇用を守って欲しいと考え、一企業内でのキャリア形成で十分だと考えるようになったのではないかと思います。このこと自体の是非はともかくとして、社会の革新者であるべき若年層もまた日本型雇用を支持しているのですから、それを変えることは非常に難しいということになりそうです。

　ただ、以上の議論は 2015 年に行われた調査に基づいた議論

であることに注意してください。その後2021年にも同じ調査が行われています（結果は未発表）。最近の時点では、人手不足が定着し、就職する側の立場が強くなっていますので、日本型雇用についての意識も変化している可能性があります。

▌日本型雇用慣行の良い点と悪い点

ここまで、なぜ日本型雇用慣行が強固に存続し続けているのかについて考え、多くの人がこれを変えたがらないという実態を紹介してきました。以下では、この慣行をどう評価するかについて考えます。

【良い点】

まず、日本型雇用慣行の長所としては次のようなことがあります。

第1は、労働者に安定した生活が保障されていることです。いったん雇用されれば解雇されることはないからです。また、年功賃金ですから、働いている人が、結婚し、子どもができ、家を買うというように、お金がかかるようになると、大体それに応じて所得も増えていきます。退職するときにはまとまった退職金をもらえますから、ある程度余裕を持って退職後の生活設計ができます。日本型雇用慣行は、ライフ・ステージに応じた所得を獲得できるシステムでもあったわけです。

第2は、チームワークで仕事をするのに適していることです。終身雇用のもとでは、従業員の企業への帰属意識が強く、周りの人たちとは長い間一緒に仕事をする仲間ばかりなので、意思

疎通もスムーズであり、先輩から後輩への技術の移転も円滑に進みます。また、新しい技術が導入されて働く人たちの配置換えが起きても、いずれにせよ同じ企業で働き続けることはわかっているので、働く人たちが技術革新に抵抗することも少ないことになります。

【悪い点】

　しかし、日本型雇用慣行には、次のような欠点もあります。

　第1は、個性を発揮したり、余裕を持った働き方をしたりすることが難しいことです。まず、企業のために拘束される時間がどうしても長くなります。終身雇用のもとでは、企業は業務の繁閑によって雇う人の数を増減させることはできませんから、どうしても労働時間で調節することになります。したがって、企業の業務が増えるときには労働時間が長くなってしまいます。また、職場や取引先との意思疎通を円滑にするために、通常の勤務以外でのつき合い（接待、宴会、レクリエーション活動など）の時間も長くなりがちになります。日本では単身赴任で、夫婦のどちらかが離れて暮らすことが起きるのも、企業と運命共同体となっているため、それを断りにくいからです。

　第2は、いったん就職してしまうと、就職先の企業に縛りつけられてしまうことです。日本型企業の長所である雇用が安定しているということが働く人にとっても長所であるためには、「働く人がその企業での仕事に満足していること」「その企業がつぶれないこと」という2つの前提が必要になります。ところがこの2つの前提は常に満たされるとは限らないのです。

入社して実際に仕事をしてみると、自分にフィットしている職場ではなかったということは案外多いものです。日本型雇用慣行のもとでは、こうした場合にも、いやいや働き続けなければなりません。その場合、働いている人は「仕事の安定」の代わりに「長い間不満足な職場にとどまらなければならない」という大きな代償を払うことになります。

　企業がつぶれてしまったらもっと悲惨です。自分の一生を預けた企業が消滅してしまったとき、終身雇用は一転して、再出発をする際の大きな障害になります。終身雇用のもとでは中途参入が難しいからです。近年では、大企業であっても経営に行き詰まることは珍しくありません。

2 メンバーシップ型からジョブ型へ

▌メンバーシップ型とジョブ型

　以上紹介してきた日本型雇用慣行（つまり、年功賃金、長期雇用、定年制、そしてオン・ザ・ジョブ・トレーニングがワンセットになっている働き方）は、「メンバーシップ型」とも言います。くり返しになりますが、メンバーシップ型雇用では、その会社に勤めること、つまり「就社」することになります。これに対して、従業員に職務内容を明確に定義し、職務や役割で評価する雇用システムを「ジョブ型」と呼びます。このジョブ型雇用では、「就職」するという表現が当てはまります。

　さて、ジョブ型にも長所と短所がありますが、それはメンバーシップ型とは正反対になると考えるとわかりやすいでしょう。つまり、個性を発揮したり、余裕を持った働き方をしたりすることができることや、就職先の企業に縛りつけられないという長所がある反面、安定した生活は必ずしも保障されているとは限らないことや、チームワークで仕事をすることは少ないなどの短所があるということです。

　ジョブ型の場合は、同じ企業で働き続けることは難しい場合が出てきますが、意に沿わない仕事をいやいや続けることはなくなります。また、専門的な仕事をするわけですから、勤務している企業が仮に倒産したとしても、仕事は見つけられます。

チームとして成果を上げることは難しくなるかもしれませんが、個人の能力は磨かれるでしょう。

強まるジョブ型への動き

　要するに、ジョブ型とメンバーシップ型にはそれぞれ長所と短所があり、どちらの働き方が望ましいかは一概には言えません。問うべきことは、ジョブ型とメンバーシップ型の「どちらが良いか」というよりも、「どちらが時代の流れにフィットしているか」だと思います。その点で言うと、メンバーシップ型はすでに時代の変化に適合しなくなってきているので、徐々にジョブ型への転換を図るべきだと私は考えています。

　メンバーシップ型の働き方が、時代の変化にうまく合わなくなってきていることは、具体的には次の6つの点に表れています。

　①雇用の流動性を阻んでいる
　　特定の産業・企業に働く人が張り付いてしまうので、衰退産業・企業から発展産業・企業への人材移動が起きず、経済全体の所得の底上げ、生産性の向上を阻害しています。
　②女性の経済・社会への参画を阻んでいる
　　メンバーシップ型のもとでは、女性は結婚、出産をきっかけに辞めてしまうリスクがあるので、男性が優先して雇用されやすくなり、結婚・子育てを終えた女性の再参入を難しくしています。
　③女性の子育ての機会費用を高めて少子化をもたらしている

女性が子育てでメンバーシップから外れることの機会費用が大きくなるため、「就業継続か子育てで中断か」の選択がより厳しいものとなります。この点は第1章で説明した「機会費用」の例を、もう一度思い出してください。

④長時間労働をもたらす

雇用の調整を頭数ではなく労働時間で行うため、忙しいときにはどうしても長時間労働を強いることになります。長時間労働は明らかに家庭生活を犠牲にしがちとなります。

⑤正規・非正規の格差を広げる

メンバーシップに入れた正規と入れなかった非正規の待遇格差が大きくなります。

⑥ベンチャー企業が出にくい

日本でも新しいアイディアを考えた人が、どしどし起業して経済をリードして欲しいのですが、そもそもベンチャーは、脱組織、脱メンバーシップ型なのですから、メンバーシップにこだわっていては、ベンチャーは現れにくいでしょう。

このように考えてくると、メンバーシップ型雇用がいかに多くの問題を引き起こしているかがわかります。改めて説明はしませんが、ジョブ型雇用であれば、こうした問題は現れないはずです。

もちろん、メンバーシップ型は日本で長く続いてきた慣行ですから、ジョブ型への移行が簡単に進むわけではありません。経済学者の多くはジョブ型を推奨してきましたが、「そうは言っ

てもなかなか難しい」という状態が続いていたのです。しかし、最近急速にジョブ型への動きが加速してきたのです。その原因は新型コロナにあります。

▌コロナショック後の雇用

　2019年暮れから2020年初めにかけて発生した新型コロナウィルス感染症の拡大は、経済に大きな影響を及ぼしました。以下ではこれを「コロナショック」と呼ぶことにします。このコロナショックによって、特に2020年の日本経済は大きな影響を受けました。2020年の経済成長率はマイナス4.3%という、めったにないほどの大きな落ち込みでした。新型コロナのため、旅行や外食などの消費活動が大きく落ち込んだことと、世界経済全体も低迷したため輸出も伸び悩んだことなどのためです。

　ところが、経済活動が大きく落ち込んだ割には、雇用にはそれほど大きな影響は及びませんでした。なぜこのようなことが起きたのでしょうか。それは、1つは政府の助成金で企業が休業者を雇い続けたこともありますが、より大きな要因は、日本の雇用に次のような変化が生じたことでした。

　図4-2は、働く人の構成を見たものです。

　ここで基本的なことを説明しておきますと、まず、人口は年少人口（14歳以下）と「15歳以上人口」に分けて考えられます。日本の義務教育は中学校までで、働くことができるのは中学を卒業した15歳からだからです。

　次に、「15歳以上人口」は、「労働力人口」と「非労働力人口」に分かれます。「労働力人口」とは働く意思を持った人のこと

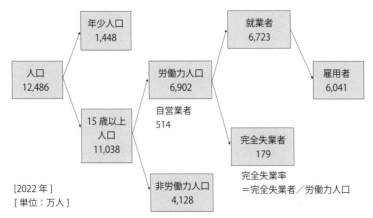

図 4-2　労働力人口の構成　総人口は 2022 年 12 月（推計値）。統計表の数値は四捨五入してあるため、また、総数には分類不詳または不詳の数を含むため、総数と内訳の合計は必ずしも一致しない。（出典：総人口「総務省統計局」、労働力人口構成は総務省統計局「労働力調査（基本集計）2022 年（令和 4 年）平均結果の要約」令和 5 年 1 月）

であり、「非労働力人口」とは働く意思のない人のことです。高校生や大学生（大学院生）や専業主婦、高齢者で働くのを辞めた人が「非労働力人口」です。

　さらに、「労働力人口」は、「就業者」と「完全失業者」に分かれます。「就業者」とは働いている人のことで、「完全失業者」とは働きたいのに働く場がない人のことです。就業者の多くは「雇用者」つまり、どこかに就職して賃金を受け取って働いています。例えば、八百屋やラーメン屋さんなどの自営業主の人は、「就業者」ではありますが、「雇用者」ではありません。

　なお、雇用情勢を表す指標としてしばしば登場する「完全失業率」というのは、「完全失業者」を「労働力人口」で割った数字です。つまり、「完全失業率」とは、働く意思を持った人

のうち、働く場がない人の割合を見たものです。

　さて、コロナショックの際にはここで示した日本の雇用にどのような変化が生じたのでしょうか。通常は、経済が落ち込むと働く人（就業者）が減り、失業者が増えることになるのですが、日本では新型コロナ下でも失業者はそれほど増えませんでした。2019年に2.4%だった完全失業率は、2020年には2.8%に上昇した程度だったのです。これは諸外国に比べると際立った安定ぶりでした。

　なぜそのようなことが起きたかと言えば、その1つの理由として、女性の就業者が非労働力人口に移ったことがあげられます。例えば、新型コロナの影響が最も大きかった2020年4月には、女性の就業者が70万人減少した一方で、女性の非労働力人口は64万人増加しています。つまり、女性の非正規の雇用が削減され、仕事を失った女性は仕事を探すのを諦めて家庭に入ったので失業者にはカウントされなかったということです。このようにして、経済活動の鈍化に即して雇用が調整されたのです。

▍テレワークの増加

　コロナショックは、日本人の働き方にも大きな影響を及ぼしました。その1つが、テレワークの増加です。日本生産性本部の調査によると、企業のテレワークの実施率は、新型コロナの影響が大きかった2020年5月には31.5%に達しました。その後、新型コロナが落ち着くにつれて、この比率は次第に低下し、2023年1月時点では16.8%となっています (図4-3)。

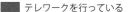 テレワークを行っている  テレワークを行っていない

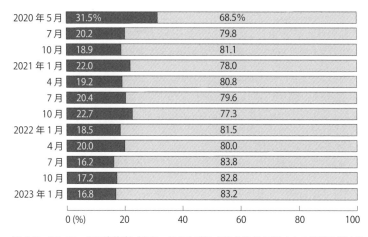

図4-3 テレワークの実施率（出典：日本生産性本部「第12回働く人の意識に関する調査」2023年1月）

　このテレワークという働き方は、コロナショックが収まってからも1つの働き方の形態として定着することになりそうです。そして、テレワークの特徴も次第に明らかになってきています。

　まず、企業規模別に見ると、大企業ほどテレワークの実施率が高いことがわかっています。同じく生産性本部の調査では、テレワークの実施率は、従業員1000人以上の大企業は34.0%であるのに対して、100人以下の中小企業は16.82%となっています。また、職種によってテレワークに向いた職種と向かない職種があることも明らかです。例えばIT系の技術者や企画部門ではテレワークの比率が高いのですが、建設・製造現場ではテレワーク比率は低いものとなっています。

▌テレワークとジョブ型雇用

　さらに注目すべきは、テレワークはジョブ型雇用との親和性が高いことがわかってきたことです。どういうことかと言えば、テレワークでは、上司と部下が常に一緒にいるというわけにはいかないので、単に「上司に言われたことをやる」という姿勢ではなく、事前に職務内容を明確にしておく必要があります。また、テレワークは、目に見える職場で勤務するわけではなく、正確な勤務時間が把握しにくくなり、「何時間働いたか」というよりも「どういう成果を挙げたか」で評価したほうがうまくいくようになります。職務内容を明確にすることや成果で評価するということは、いずれもジョブ型雇用の特徴でもあります。

　先に紹介したように、ジョブ型に移行すべきだと考えていた人は多かったにもかかわらず、さまざまな理由で踏ん切りがつかなかったのですが、今回の新型コロナショックをきっかけに、ジョブ型への意識が急速に高まってきているようです。また、政府もジョブ型への移行を後押しする考えのようです。岸田総理は、2022年9月にニューヨーク証券取引所で講演し、日本企業にジョブ型の職務給中心の給与体系への移行を促す指針を2023年春までに策定することを明らかにしています。

▌働き方をめぐる高校生との対話

　「働き方」は、これから社会に出ようとしている人たちにとっても非常に関心が高い問題です。例えば、ある高校生から次のような提案が出ました。

126

「若者の雇用機会を増やすために、定年の年齢を引き下げるべきだと考えます。今の定年と言われている 60 〜 65 歳をもっと引き下げて、50 〜 55 歳にするのです。高齢者が早く退職する分だけ若い人の雇用の枠が増えるはずです」

　興味深い発想だとは思いますが、私はこの意見には大きな問題があると思っています。それは、自分が高齢者になったときのことを考えていないということです。自分が若いときには雇用機会が増えて嬉しいかもしれませんが、誰もが必ず年を取ります。つまり、自分が 50 〜 55 歳になったときに定年で会社を辞めなければならないのです。自分が提案したことで自分が痛い目に遭うことも忘れてはいけないと思います。

　こういう発想はよくありがちです。例えば、今の年金の仕組みは「賦課方式」といって、若い人たちが支払った年金を高齢者が受け取るという形になっています。そこで、若い人たちがこれに反対し、高齢者のために自分たちの年金を払いたくないと言ったとすると、どういうことが起きるかを考えてみてください。「賦課方式」である限り、自分が高齢者になったときに受け取る年金を、そのときの若い人が払ってくれないということになるのです。つまり、定年や年金などの問題は、一生を通じてバランスがどうなっているのかということを考えるべきなのです。

質　問　　皆さんは退職金制度についてどう考えますか。

回答Ａ　　退職の際にまとまったお金をもらえるのは、老後の
　　　　　備えとしてありがたい。
回答Ｂ　　企業が従業員の退職後の生活を考えて支給してくれ
　　　　　るのだから、ありがたくもらっておく。

著者解説

　高校生の皆さんたちは、「退職金」は企業が支払ってくれる「あ
りがたいお金」だと考えているようですが、それは間違いです。
「退職金」とは、労働の対価であり、いわば給料の後払いだか
らです。つまり、「退職金」について考えるべきことは次のよ
うな選択なのです。

　選択肢1
　退職前の賃金水準を低くしておいて、その分を退職時に
まとめて受け取る。
　選択肢2
　賃金水準を引き上げて、退職金はなくす。

　私の考えは次のようなものです。
　給料の後払いである退職金は、当然のことながら勤続年数に
応じて支払われますから、従業員を同一企業に引き止める仕組
みとなっています。しかし、これから「ジョブ型」になって誰
でも雇用の場を変える機会が増えていくことを考えると、退職
金はなくしたほうがいいということです。

最後に、私が実際に耳にした話を紹介しましょう。

　ある大学生が希望する企業の内定を受けました。この企業は成長過程にあって、中途採用で人材を集めており、そのため給与水準は高いのですが、退職金はないということでした。この企業に興味を持った学生が、家に帰って両親に報告したところ、「退職金も出せないような企業には就職しないほうがいい」と強く言われ、結局内定を辞退したということです。

　まさに、先に紹介した「ヒステリシス」の典型的な事例です。この学生の両親は、自分が若かった頃のことが頭にあり、普通の企業は退職金制度があって、退職金が出ないような会社はまともではないと考え、「そんな企業はやめたほうがいい」という反応をしたのだと思います。

　しかし、退職金の有無だけで企業を選択する時代は終わりました。後日談になりますが、その学生が内定を辞退した企業は、その後も急成長を遂げているようです。

第 5 章

世界の中で生きる日本

この章では国際的な問題について説明します。「はじめに」で書いたように、特に国際的な問題についての議論は、多くの人が考えていることと、経済学者が考えていること、さらに私が考えていることとはかなり違います。経済の問題というのはそういうものだということを、改めて頭に入れて読んでいただきたいと思います。

　まず日本の国際的な地位を確認します。日本は経済規模では世界第3位の経済大国ですが、人口1人当たりGDPでは20位以下にとどまっています。これはどういうことなのでしょうか。

　次に、「比較優位」という考え方を説明します。「比較優位」の考え方は、貿易はなぜ行われるのかということだけではなく、私たちの日々の生活にとっても重要です。

　3つ目に、日本の国際収支の姿を概観します。多くの日本人は「日本は自動車などのモノを輸出してもっぱら稼いでいる」と考えているようですが、それは必ずしも正しくありません。

　4つ目に、食料自給率についても考え直してみましょう。自給率100％というのは本当に安心できる状態なのでしょうか。

　最後に、国際間の経済連携について紹介します。これはダイナミックに変化し続けている分野です。

1 日本の国際的な地位

┃日本の1人当たりGDPは世界で20位以下

　日本の国際的地位について見てみましょう。

　図5-1を見てください。左側は、経済規模を表すGDP（国内総生産）の順位を示したものです。GDPとは、国民全体が生産する経済活動の総量を金額で表示したもので、世界で第1位がアメリカ、2位が中国で、3位が日本です。

　右側の図は1人当たりの国民所得の順位を見たものです。これは1人当たりGDP（GDPを人口で割ったもの）とほぼ同じ

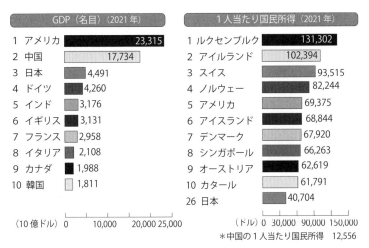

GDP（名目）（2021年）	1人当たり国民所得（2021年）
1 アメリカ　23,315	1 ルクセンブルク　131,302
2 中国　17,734	2 アイルランド　102,394
3 日本　4,491	3 スイス　93,515
4 ドイツ　4,260	4 ノルウェー　82,244
5 インド　3,176	5 アメリカ　69,375
6 イギリス　3,131	6 アイスランド　68,844
7 フランス　2,958	7 デンマーク　67,920
8 イタリア　2,108	8 シンガポール　66,263
9 カナダ　1,988	9 オーストリア　62,619
10 韓国　1,811	10 カタール　61,791
	26 日本　40,704

（10億ドル）0　10,000　20,000 25,000　　（ドル）0　30,000　90,000 150,000

＊中国の1人当たり国民所得　12,556

図5-1　GDPと1人当たりの国民所得の国際比較（出典：世界銀行資料）

と考えていいでしょう。1人当たり GDP は、大体のところ、その国の豊かさを表していると考えることができます。ただ、第1位のルクセンブルクの国土面積は神奈川県とほぼ同じで、人口約64万人の都市国家ですから、やや特殊な例と言っていいでしょう。第2位以降は、アイルランド、スイス、ノルウェー、アメリカ、アイスランドの順になっています。8位のシンガポールは東京23区とほぼ同じ面積で人口は約550万人です。東京の1人当たり GDP は約7万3,700万ドル（1ドル105円換算、2019年）ですから、東京23区とほぼ同じ豊かさだと考えていいかもしれません。

　日本は26位ですから、日本より豊かな国はたくさんあります。スイスの1人当たり所得は日本の2倍です。人によっては、「日本は今でも十分豊かなのだから、これ以上無理をしてもっと豊かになる必要はない。これを維持すればいい」と言うかもしれません。しかし、世界には日本よりもっと豊かな国は数多くあり、日本人一人ひとりがより豊かになる余地は大きく残されているのですから、日本はもっと豊かな経済を目指すべきだと私は考えます。

▎経済規模と豊かさの関係

　経済規模と豊かさの関係には、人口規模が大きく関係しています。

　2022年の日本の人口は1億2,500万人で世界11位です。世界の国々と比較すると、かなり多いと言えますが、中国（約14.1億人）の10分の1以下です。一国の GDP は、人口に1

人当たり GDP をかけたものですから、仮に中国の 1 人当たり GDP が日本と同じであれば、中国は日本の 10 倍の経済規模があってもおかしくありません。しかし、今のところ、中国の 1 人当たり GDP は約 1 万ドルで、日本の 4 分の 1 程度で、中国の豊かさは日本の 4 分の 1 程度です。要するに、中国は人口が日本の 10 倍以上あるため、日本よりも大きな経済規模になっているのです。

　インドについて見てみると、現時点では、インドは世界第 5 位の経済規模ですが、インドの人口（約 14 億人）も日本の 10 倍以上の規模があるにもかかわらず、GDP は日本の 7 割程度にとどまっています。これは、インドの 1 人当たり GDP が日本の 20 分の 1 程度だからです（2257 ドル）。インドは 2010 年頃から 8 ％程度の高度成長を続けているので、1 人当たり GDP が日本の 10 分の 1 を少しでも超えれば、たちまち日本を追い抜く経済規模になります。

▎重要な指標は「1 人当たり GDP」

　近い将来、日本の経済規模は必ずインドに抜かれるでしょう。日本の GDP は 42 年間にわたって世界第 2 位の位置にありましたが、2010 年には中国に抜かれて世界第 3 位に後退しました。そのとき、テレビや新聞などは、「中国に抜かれてしまった」と大騒ぎをしました。その経験から考えると、インドにも抜かれたときには、またテレビや新聞は大騒ぎして、「4 位になってしまった」と報道するかもしれません。

　しかし、私は、それを残念に思う必要はまったくないと思い

ます。一国の経済にとって重要なことは、国民の一人ひとりが
どれぐらい豊かかということであり、全体の経済規模が大きい
か小さいかということはあまり気にする必要はないからです。

　もう一度図に戻ってみますと、アイルランドやノルウェーな
どの北欧の国々が1人当たり国民所得の高い国として登場して
います。これらの国々は、特に人口が多いわけではなく、GDP
の規模もそれほど大きくありません。しかし1人当たりは豊
かなのです。

　日本はこれから人口が減少していきますから、GDP は増え
にくくなります。しかし、人口は減っても1人当たりが豊か
であればそれでいいのです。

2 「比較優位」という考え方

▌「比較優位」とは？

次に、「比較優位」という考え方を説明します。これは国際経済の分野で非常に重要な考え方ですが、それを端的に表すエピソードを紹介します。

1970年にノーベル経済学賞を受賞したポール・サミュエルソンという著名な経済学者が、あるパーティーの席上で「経済学者は知っているけども、経済学者でない人は知らない考え方で、最も重要な考え方は何でしょう」と聞かれたそうです。サミュエルソンは、その場ではすぐに答えられなかったのですが、家に帰ってもう一度よく考えて、「それは『比較優位』という考え方だ」ということに気がついたとのことです。「比較優位」はそれくらい重要な考え方なのです。

「比較優位」はイギリスの経済学者デヴッド・リカード（＊1）が考え出したものです。次ページの図5-2は、そのリカードがつくった例です。少しややこしいかもしれませんが、できるだけわかりやすく説明します。

＊1【デヴッド・リカード（David Ricardo）（1772年〜1823年）】「『比較優位』の原理」を提唱。各国が「比較優位」に立つ産品を重点的に輸出することで経済厚生は高まるとする「比較生産費説」を主張。自給自足ではない自由貿易による生産性・効率性の向上を支持した。アダム・スミス、マルクス、ケインズと並ぶ経済学の黎明期の重要人物の1人。

	イギリス	ポルトガル
毛織物1単位を生産するための労働	100人	90人
ワインを1単位生産するための労働	120人	80人

ポルトガル	国内では　ワイン $1 = \dfrac{80}{90}$ ➡ $1 = \dfrac{8}{9}$ の毛織物	
	輸出すれば　ワイン $1 = \dfrac{120}{100}$ ➡ $1 = \dfrac{6}{5}$ の毛織物	
イギリス	国内では　毛織物 $1 = \dfrac{100}{120}$ ➡ $1 = \dfrac{5}{6}$ のワイン	
	輸出すれば　毛織物 $1 = \dfrac{90}{80}$ ➡ $1 = \dfrac{9}{8}$ のワイン	

図5-2 「比較優位」の考え方

┃ポルトガルとイギリスの貿易を考える

　今、この世の中には経済活動で生産されるのは、毛織物とワインだけだとします。労働者は、ワインか毛織物のどちらかの生産に携わっているということです。非現実的なことだと思うかもしれませんが、わかりやすくするために、このような前提をおくのです。

　さて、まず「毛織物」についてですが、1単位つくるのにイギリスでは100人の労働力が必要ですが、ポルトガルは90人でつくることができます。ポルトガルのほうが効率的に生産できるということです。次に「ワイン」について見ると、1単位つくるのにイギリスでは120人必要なのに対して、ポルトガルでは80人でつくることができます。つまり、毛織物もワインもポルトガルのほうが効率的につくれるというわけです。

　この数値例から考えると、毛織物もワインもポルトガルのほ

イギリス	ポルトガル

毛織物1単位を輸出

イギリス国内ではワインの0.833の価値

→ ポルトガル国内ではワインの1.125の価値

イギリス国内では毛織物の1.2単位の価値

←

ワイン1単位を輸出

ポルトガル国内では毛織物の約0.889の価値

うが効率的にできるのだから、両方ともポルトガルでつくればいいということになりそうです。ところがそうではないというのが「比較優位」の考え方の面白いところです。

今、ワインや毛織物の価値は、その生産に必要な労働だけで決まるとすると、ポルトガルでは、ワイン1単位は毛織物9分の8単位（0.889単位）と同じ価値があるということになります。一方、イギリスでは、ワイン1単位は毛織物5分の6単位（1.2単位）と同じ価値があることになります。つまり、ポルトガルではワインの価値のほうが高く、イギリスでは毛織物の価値のほうが高いということです。

このような状況下で、ポルトガルは1単位のワインをイギリスに輸出することにより、1.2単位の毛織物を獲得することができます。一方、イギリスは1単位の毛織物をポルトガルに輸出することにより、1.125単位のワインを獲得することができます。

貿易は「比較優位」がポイント

　以上をまとめると次のようなことがわかります。

　第1は、国々の間で貿易することによって、双方がより多くのものを手にすることができるようになるということです。

　第2は、貿易では、「比較優位」がポイントになるということです。

　通常、「優位」という言葉は、「絶対優位」の意味で使われるので、「比較優位」という言葉は一般にはあまり馴染みがないかもしれません。しかし、貿易について考える際にはとても重要な考え方です。簡単に言えば、「優位さの程度はどちらが大きいのか」ということです。つまり、先の数字例で言えば、ワインも毛織物もポルトガルのほうが絶対優位なのですが、毛織物は100対90の割合、ワインは120対80の割合で優位になっています。つまり、ポルトガルにとってはワインのほうが優位の度合いが大きい（「比較優位」がある）ということになります。一方、イギリスはワインも毛織物も「絶対優位」ではありませんが、毛織物は90対100の割合、ワインは80対120の割合ですから、毛織物のほうに「比較優位」があることになります。したがって、ポルトガルは「比較優位」があるワインを輸出して、イギリスから毛織物を輸入し、逆にイギリスはワインを輸入して毛織物を輸出することによって、イギリスもポルトガルもハッピーになるというわけです。

得意なことを分担して行う

　「比較優位」の考え方は、私たちの日常生活でも応用するこ

とができます。

　例えば、ある催し物の準備をグループで行うときのことを考えてみてください。そのグループの中に、絵も得意だし、話もうまいし、飲み会の段取りもうまいし、何でも良くできる人がいたとします。では、その人にすべてを任せていいのでしょうか。たぶん、そうはならないと思います。

　おそらく、何でも良くできる人ほど上手ではないかもしれないけれども、絵を描くことが得意な人がポスターをつくり、話すことが得意な人が司会を担当し、飲み会の設定が得意な人が、終わった後の打ち上げの準備をするという具合になるはずで

す。つまり、何が得意かで役割を分担するほうが良いのです。ここで言う「得意」が、「比較優位」ということです。

　要するに、仮に何でも良くできる人がいたとしても、その人には相対的に得意な仕事を担当してもらい、別の人たちは、その人にはかなわないけれども、かなわない度合いがより小さい仕事を分担するほうが効率的なのです。

▌「比較優位」から導かれること

　この「比較優位」の考え方をもう少し進めると、いくつかの重要な示唆が得られます。とりわけ重要なのは以下の３つです。私は、「比較優位」の考え方そのものより、これから指摘することのほうが重要だと考えています。

　①貿易は勝ち負けではない

　第１は、「貿易は勝ち負けではない」ということです。

　上記の例で言うと、ポルトガルもイギリスもお互いに輸出、輸入をすることによって得をしています。「貿易」とは、輸出をした国が「勝ち」で、輸入をした国が「負け」なのではなく、輸出をしている国と輸入をしている国の双方が「勝ち」なのです。マスコミなどはしばしば、「勝ち負け」を象徴的に表す「貿易戦争」という言葉を使って、「国際競争に敗れ、これまで輸出していたものを輸入するようになった」というような言い方をすることがありますが、これは間違いだということです。

②何でも自分でやったほうがいいわけではない

　第2は、何でも自分でやったほうがいいわけではないということです。

　重要なモノやサービスはできるだけ自国で生産したほうがいいのではないかと思われがちですが、これは間違いです。自国がより得意な分野に集中することが経済発展の秘訣です。要するに、国際的に分業しましょうということです。このことは、ある国がすべての産業で勝者になることはあり得ないということでもあります。例えば、中国はこれまでさまざまな産業分野で日本を追い抜いてきたので、やがてあらゆるものを中国が生産するようになるのではないかと危惧する人がいますが、「比較優位」のもとで貿易が行われる以上は、そのようなことはあり得ないのです。

③２国間の貿易収支にはほとんど意味がない

　第3は、２国間の貿易収支にはほとんど意味がないということです。

　得意なものを輸出して、得意でないものを輸入していると、財貨・サービスごとに、また各国ごとに、黒字になったり赤字になったりしますが、それは当たり前のことなのです。

　例えば石油の生産は、産出量が極端に少ない日本にとっては不得意な分野ですが、石油資源が地中に豊富に存在するサウジアラビアにとっては得意な分野になります。逆に、自動車の生産では、日本のほうがサウジアラビアよりも得意ですから、日本とサウジアラビアの間では、日本が自動車を輸出

して、石油を輸入するという貿易が生まれることになります。その際、輸入する石油と同じ金額の自動車を輸出することは不可能ですから、日本は、サウジアラビアとの貿易では赤字になります。それは自然なことなのです。

　ところが現実には、2国間の貿易がアンバランスだからという理由で、国際紛争になったりしています。例えば、アメリカのトランプ前大統領は、アメリカが中国との間で大幅な貿易赤字となっていることを問題視し、中国からの輸入品に関税をかけ、中国がこれに報復するためにアメリカからの輸入品に関税をかけるという騒ぎになりました。

　この騒動は、2人でボートの競争をしているときに、相手が自分のボートに穴を開け始めたのを見て、自分も負けじとボートに穴を開け始めるような行為にしか見えません。

　世界の国々が、それぞれの相手国との貿易収支を均衡化させたいと思うならば、輸入する財やサービスの金額と同じ金額の財やサービスを輸出しなければなりません。これは、「物々交換」が行われることと同じことです。貿易のメリットは大きく失われ、世界経済は縮小均衡に陥ってしまうでしょう。

日本の国際収支の姿

■日本の国際収支の状況

　次に、日本の国際収支について見てみましょう。「国際収支」とは、貿易や投資の金額を集計して、それらが１年間でどういうバランスになっているかを記録したものです。表5-1は2022度の国際収支の姿を見たものです。▲は赤字であることを示しています。

　まず、上から２行目の「貿易収支」とはモノの輸出と輸入のバランスを示しています。2022年度は18兆602億円の赤字になっています。日本は輸出で稼いでいると思っている人が多

			金額
貿易・サービス収支			▲ 23 兆 3,367 億円
	貿易収支		▲ 18 兆 602 億円
		輸出	99 兆 6,207 億円
		輸入	117 兆 6,809 億円
	サービス収支		▲ 5 兆 2,765 億円
第一次所得収支			35 兆 5,591 億円
第二次所得収支			▲ 2 兆 9,968 億円
経常収支			9 兆 2,256 億円

表 5-1　日本の国際収支（2022 年度）（出典：財務省「国際収支統計」）

いので、この数字を意外に思うかもしれません。2022年度は輸出は増えたのですが、ロシアのウクライナ侵攻によって資源・エネルギー価格が大幅に上昇したため輸入金額が急増したのです。

「サービス収支」は、サービスの輸出入のバランスを見たものです。「サービスを輸出したり輸入したりする」というのはどういうことでしょうか。最もわかりやすいのは「旅行」です。日本人が海外旅行をするということは、観光というサービスを輸入しているということです。逆に海外の人が観光旅行で日本を訪れるのは、日本の観光というサービスが輸出されていると捉えます。コロナの前には、日本に外国から沢山の観光客がやってきたため、旅行収支は大幅な黒字だったのですが、コロナの影響で2020、21年度は黒字がほとんど消えてしまいました。22年度にはかなり回復しており、23年度以降は再び大きな黒字を記録することになるでしょう。

次に、「所得収支」ですが、「第一次所得収支」と「第二次所得収支」に分けられます。「第一次所得収支」は、金利や配当、さらにはロイヤリティー（特許や商標などの使用料）などの収支バランスを示しています。2022年度はこれが圧倒的に黒字になっています。「第二次所得収支」は、官民の無償資金協力、寄付や贈与の受払などですが、金額が小さいので詳しい説明は省略します。

以上を総合したものが「経常収支」で、2022年度は9.2兆円の黒字となっています。

日本の経常収支黒字の中身

　日本の国際収支、経常収支が黒字だということは多くの人が知っているようですが、その中身については意外と知られていません。「日本の経常収支が黒字」と聞くと、多くの人は、日本はいろいろなモノを輸出しているから黒字なのだろうと考えがちですが、表5-1で見たように、そうではありません。モノやサービスの収支は赤字です。日本はもっぱら「所得収支」で稼いでいるのです。

　すでに説明したように、「所得収支」とは、他の国にお金を貸して利子を受け取ったり、他国で株を買って配当を受け取ったり、海外で生産した分の商標の使用料を受け取ったりしたものの収支で、この黒字が圧倒的に大きいのです。

　日本は、2000年代の初め頃までは、「所得収支」よりも「貿易収支」で稼いでいましたが、最近は「所得収支」が圧倒的に大きな割合を占めるようになっています。それにもかかわらず、「日本は貿易で稼いでいる」と考えてしまうのは、20年前の常識から抜け切れない人が数多く存在することを意味しています。

国際収支の赤字は困ったことなのか－日本は稼ぎの割には使い方が少ない

　ここで、「国際収支は黒字がいいのか」、あるいは「国際収支の赤字は困ったことなのか」という問題について考えてみます。なお、以下の説明は多くの人とはかなり違う考え方であることを、あらかじめお断りしておきます。

　まず、次のような例を考えてください。

　Aさんとbさんは同じ100万円の所得だとします。Aさんは、つましい生活をしていて支出は80万円です。つまり、20万円の黒字ということになります。一方、Bさんは派手な生活をしていて120万円使っています。つまり、20万円の赤字になります。

　では、AさんとBさんとではどちらが「豊かな」生活をしているでしょうか。

　ここで、お金をたくさん使った人が豊かな生活をしていると考えると、Bさんのほうが豊かな生活をしているということになります。

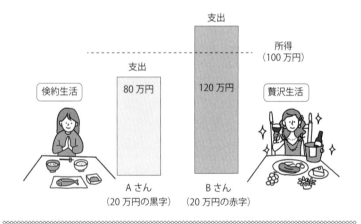

これを日本の国際収支に当てはめて考えると、黒字を続けているということは、稼いでいる割には使い方が少ないということになります。使い方が少ない分がどんどん貯まり、その貯まっ

たお金の利子をたくさん受け取っているという構造になっているのです。

▌貿易は何のためにあるのか

次に、貿易は何のためにあるのかということを考えてみます。

例えば、日本が自動車をアメリカに輸出するということは、日本で働いている人が汗水垂らしてつくった自動車をアメリカ人が買って使うということです。このケースでは、生産したものを手にして喜んでいるのは、日本の自動車を買って使っているアメリカ人のほうです。そう考えると、われわれの生活にとって重要なのは、輸出というよりはむしろ輸入のほうだということがわかります。

本書で何度も強調しているように、経済の最終的な目的は、国民の福祉あるいは幸せを最大限に実現することです。これを「貿易」に当てはめて考えると、「輸出」とは、海外の人を幸せにするために日本人が働いて生産していることであり、「輸入」とは、日本人が幸せになるために海外の人が働いてくれているということになります。

例えば、日本は石油資源が極端に乏しいので、石油を輸入しなければ自動車を運転することはできません。そんな日本人を幸せにするために、サウジアラビアが日本に石油を輸出してくれていると考えてみてはどうでしょうか。つまり、輸入こそが生活の豊かさをもたらすということになり、「輸出が重要で輸入は少ないほうがいい」という多数意見とは逆の考え方になります。

実は、このような考え方は決して異端ではありません。政府が出した文書の中にも同じような記述があります。内閣府の『経済財政白書』（2011年版）には、次のような記述があります。

　「輸入が増えて国際競争に負けるのではなく、輸出と輸入が両建てで増えて豊かさの競争に勝つのだ」

これはなかなかの名文句です。それまで日本が輸出していたものを輸入するようになると、日本が海外に負けたと考える人もいるようですが、そうではなくて、輸出と輸入が両方増えることによって、国民がより幸せになっていく。これが「豊かさの競争に勝つ」ということだと言っているのです。

▌家計の「黒字・赤字」と国の「黒字・赤字」

多くの人が、「輸出は経済にプラス・輸入は経済にマイナス」、あるいは「国際収支の黒字がプラスで赤字はマイナス」と考えがちになるのは、「黒字」「赤字」という言葉が誤解を与えているのかもしれません。「黒字」と言われると良いような気がして、「赤字」と言われると困ったことのような気がするからです。確かに、家計の場合は、「赤字」であると貯金が減っていくので問題かもしれません。しかし、一国全体の「黒字・赤字」は必ずしも家計の「黒字・赤字」とは同じではないのです。

2011年の東日本大震災の後に、日本の貿易収支が31年ぶりに赤字になったことがあります。そのとき新聞には、「日本の貿易収支が赤字に転落」という見出しが並びました。これを見

たら誰もが「貿易赤字は日本にとって困ったことだ」と思ってしまうでしょう。しかし、東日本大震災で日本はいろいろなものを輸入せざるを得なくなりました。輸入しないと国民生活に支障が出るからです。そういう意味では、輸入することができて貿易収支が赤字になったからこそ国民の幸せが守られたと解釈できるのです。

▌「食料自給率」について高校生と考える

高校生との対話

質問1　　2021年度の日本の食料自給率（カロリー・ベース）は38％で、国際的に見てもかなり低い水準です。では、皆さんはこの自給率をどうすべきかと考えますか。「もっと高めるべき」「今程度でいい」「もっと低くてもいい」と考えますか。それとも「食料自給率は気にしなくてもいい」と考えますか。

回答A　　食料自給率はもっと引き上げるべきです。食料輸出国に何か問題が起きたときが不安ですから、他国に頼らない体制を整えておいたほうがいいと思います。国内で食料生産が増えれば雇用の場も増えます。

回答B　　現状のままでいいと思います。確かに、食料自給率が低いと海外から輸入がストップしたときにリスクがあるのですが、他方では日本が食料生産を増やすのも簡単ではなさそうです。

回答C　　あまり気にしなくていいという意見です。現状すご

く困っているという実感がありませんし、今日の講義でも、輸入こそが生活の豊かさをもたらすということを学んだので、輸入の多さをあまり気にしなくていいと思いました。

質問2　それでは、自給率は100％が理想的だと考えていますか？

回答D　それが本当にできるかどうかは別として、理想的には100％自給していれば安心だと思います。

著者解説

＜食料自給率100％は？＞

　食料自給率100％を実現することは、なかなか難しい問題です。私の考えに反対する人が多いかもしれませんが、これから私の考えを説明します。

　日本では、政府はもっと自給率を高めることを目標にしていて、多くの人も「万が一のときに心配だから、やはり自給率はもっと高いほうが良い」と考えているようです。では、果たして、「日本人が食べるものは全部日本でつくる」、つまり「自給率100％」にすれば本当に安心なのでしょうか。

　例えば、日本が不作になったらどうするのでしょうか。世界中で食料が生産されていますが、日本は台風が来たり、水不足になったりして食料生産が大幅に減ってしまったらどうするのかということです。

　これはあり得る話です。「そういう場合には輸入すればいい」と言うかもしれませんが、「日本は自給率100％を目指してい

るので輸入はしません」と言っていて、自国が不作のときだけ輸入するというのは、他国からすれば、あまりにも自分勝手だということになります。つまり、「自給率100％」という状態は、非常に不安定だということです。

　もちろん戦争になって食料輸入ができなくなることはあり得ますが、日本の食料の主要輸入先であるアメリカやオーストラリアと将来、戦争すると考えている人はいないでしょう。

　日本は、エネルギー資源については食料以上に輸入に頼っています。したがって、食料についても、必ずしも自国で生産しなくても、安定的な輸入を実現すれば問題ないはずです。長期契約を結んでおいてもいいでしょうし、日本の農家の人が海外に行って生産して、日本に輸出してもいいのです。つまり、自給率を高めることが食料の安全保障になるとは限らないし、また自給率を高めることは食料の安全保障上の唯一の手段ではないということなのです。

＜スイスの事例＞

　ここでスイスの例を紹介しましょう。スイスは永世中立国ですが、立派な軍隊を持ち、食料についても安全保障についても非常に気を配っています。

　スイスの食料自給率は約50％でそれほど高いとは言えませんが、有事に際して食料の供給危機が起こった場合の2つの対策を立てています。

　1つは配給制度です。危機が発生したら10日間は、国民に商店などで食料を購入することを禁止し、その間は家庭の備蓄を取り崩すことで対応します。11日目からは政府の備蓄を活用して配給を始めます。

もう1つは、その間に3年かけて国内生産を増やしていくことです。その場合、今まで牧草地だった場所を農耕地にするといった変更が必要になりますが、どこを農耕地にするか、それをどうやって行うかという計画も立てられています。配給の際の輸送手段についてもマニュアルができていて保管されているという具合です。

　私はこれこそが食料安全保障政策だと思います。単に国産品を増やせばいいというわけではないのです。(＊2)

＊2　新聞報道によると、政府は紛争などによる輸入停止などで食料供給が滞るような事態に備えて、農家に緊急増産を求めたり、国が売り渡しを命じたりするための新法を検討するそうです。ようやく本当の意味での食料の安全保障政策が始まったと言えそうです。

4 国際間の経済連携

　次に、経済連携協定について考えてみましょう。これまで説明してきたように、貿易では輸出と輸入両方が増えていくことが重要です。世界中の人が幸せになるためには、世界の国が得意なものをつくって、得意でないものを輸入するということを続けていく必要があり、そのためには、できるだけ自由な貿易環境をつくっていくことが不可欠なのです。

▌世界貿易機関と経済連携協定

　世界の自由な貿易環境をつくる仕組みが「世界貿易機関」（WTO：World Trade Organization）（＊3）です。世界中で関税を下げたり、投資協定をつくったりして、できるだけ自由な貿易・経済取引を実現することを目的として 1995 年に設立された国際機関です。

　しかし、この仕組みがなかなか動かないのです。その原因は、WTO には、参加国が全員賛成しないと物事が決まらないという根本的な欠陥があるからです。反対する国が一国でもあると、先に進まなくなってしまうのです。

＊3【世界貿易機関（WTO）】1995 年 1 月 1 日に設立された国際機関。貿易に関連するさまざまな国際ルールを定めている。また、新たな貿易課題への取り組みも行う。164 の国と地域が加盟（2022 年）。

そこで、地域を限定して自由な貿易関係をつくっていこうという動きが次第に広がっていきました。以下、いろいろな略語が出てきて混乱するかと思いますが、これは覚えるしかありません。

　FTA（＊4）は自由貿易協定（Free Trade Agreement）で、特定の国がグループを形成してグループ内での貿易を自由にしていこうという協定です。このFTAが世界中に広がって行きましたが、近年では、貿易だけではなく投資をもっと自由にし、著作権など知的財産権も保護するといった、より幅広い分野での協力促進が進展しました。これがEPA（Economic Partnership Agreement：経済連携協定）（＊5）です。

▍TPPとTPP11

　こうした動きの中で、日本にとって大きな問題になったのが、TPP（環太平洋パートナーシップ協定、Trans-Pacific Partnership Agreement）（＊6）です。TPPは、太平洋周辺地域の中で自由貿易を推進していこうというものです。日本、東アジアの国々、オーストラリア、ニュージーランド、アメリカ、南米の国々など、太平洋に面した国々が集まり、貿易、投資やサービス、政府調達など幅広い分野に及ぶ経済連携協定をつくろうというの

　＊4　【自由貿易協定（FTA）】2か国以上の特定の国や地域の間で、物品の関税やサービス貿易の障壁等を削減・撤廃することを目的とする協定。

　＊5　【経済連携協定（EPA）】貿易の自由化に加え、投資、人の移動、知的財産の保護や競争政策におけるルールづくり、さまざまな分野での協力の要素等を含む、幅広い経済関係の強化を目的とする協定。

　＊6　【環太平洋パートナーシップ協定（TPP）】高い水準の、野心的で、包括的な、バランスの取れた協定を目指し交渉が進められてきた経済連携協定。

です。

　当初、TPP に参加していたアメリカは、協定内容について大筋で合意していましたが、2017 年 1 月にトランプ氏がアメリカ大統領に就任すると、その直後に TPP から離脱してしまいました。トランプ前大統領は、私が述べてきたような自由貿易を推進するのではなく、むしろ貿易を制限することで国内の雇用を守るべきだという考えの持ち主でした。

　TPP の大きな柱だったアメリカが離脱したため、TPP は瓦解直前の状況に追い込まれました。しかし、参加国の中から、「長い間かけてここまで合意したのにアメリカが抜けたからといってまったくストップしてしまうのはいかがなものか。日本のリーダーシップのもとで、アメリカ以外の 11 か国がまとまり協定を成立させようではないか」という声が起こりました。これが TPP11（TPP イレブン）と呼ばれるものです。日本はこうした国々の期待に応えてリーダーシップをとり、この TPP11 を完成させたのです。

　日本では政府が失敗すると大きく報道されて、批判の対象になるのですが、政府が良いことをしたときにはマスコミはあまり褒めてくれません。私は、TPP11 をまとめ上げたことは日本の大きな功績だったと思います。その後、11 か国以外にもこの協定を広げようという動きが現れており、2023 年 3 月にはイギリスの参加が大筋合意されました（イギリスは太平洋に面していませんが、参加したいというのを拒む理由はありません）。中国も参加に意欲を示しています。やがてはアメリカも再び参加するようになるかもしれません。そうなると、TPP11 は、

世界の自由貿易を大きく推進する力になって行く可能性があります。

▍高校生との経済援助についての議論

　最後に、日本の経済援助について考えてみましょう（図5-3）。

　私は高校生に対して、日本の発展途上国への援助について説明し、近年では財政事情が厳しいため、援助関係の予算も削ら

ODA（政府開発援助）
①多国間協力
　国際機関を通じて世界各国と一緒に開発協力を行う
②2国間協力
　日本が相手の国に直接支援をする
　（1）円借款　お金を貸す
　（2）無償資金協力　お金を贈る
　（3）技術協力　技術を教える
＊1991年から2000年までの10年間、日本の援助額は世界1位。2001年はアメリカに次いで2位、2021年にはアメリカ、ドイツに次いで世界3位。これまで日本は、世界190の国・地域に対して支援している

図5-3　経済協力のしくみ

れているという話をしました。この説明に対して1人の高校生が、次のような意見を述べました。

「以前、世界の貧富の格差についての本を読んだとき、先進国が行っている援助が、必要な人に必要なものを届ける援助ではなく、資本や技術によって自国のやり方を押しつける強引な金貸し援助であることを知った。そして、自国の利益のために貧困層の努力を踏みにじる現状があることに衝撃を受けた。その現状がある以上、援助の予算を増やすかどうかということよりも、援助の仕方を見直すべきだと思う」

自分の意見を持つことはとても重要なことです。しかし、1つの考えに固執してはいけないということも、それ以上に重要なことです。とかく若い人はある1つの考えに染まりやすいものです。それは、若者特有の一時的現象なのかもしれません。この高校生は、貧富の格差に関する本を読んで、このコメントにあるような衝撃を受けたのだと推測されます。本を読む作業は、かなりの時間と努力を必要とするので、努力して1冊を読み終えると、そこに書かれていることすべてが真実だと思い込みがちになります。そう思わないと、自分が無駄な読書をしたことになってしまうので、読んだものは正しいと考えてしまう潜在的な傾向があるのです。

しかし、援助についての本は数多くあります。つまり、数多くある著作のうちのたまたま1冊を読んだら、そういうことが書いてあったということなのであり、それがすべての援助に

当てはまるわけではないということです。

　私が最近読んだ論文には、概略次のようなことが書いてありました。

　「日本の援助について、いろいろ批判が出たことは事実である。ところが、その時批判を受けた経済援助が、その後どうなったのかについて、ほとんど誰も調べていないことに気がついた。そこで、インドネシア、フィリピン、タイで、かつて批判された10以上の経済援助のプロジェクトのその後を検証してみた。すると、驚いたことに、かつての問題プロジェクトの多くは、今では優良案件として、現地の人々に高く評価されていた」

　この論文では、具体的なプロジェクトの内容についても、詳しく説明されています。かつての経済援助には批判があったことは事実ですが、その批判が学習を促し、案件の軌道修正を生じさせた可能性が高いのです。

　最初に、こういう援助をすれば、こういうふうに役立って、みんな喜ぶだろうと設計するわけですが、援助を行って、そのままぴったりいくということはありません。援助してみて、いろいろ問題が起きたときに、それを柔軟に取り入れて修正していくことによって、批判に耐え得る援助ができるのだというのがこの論文の主張です。（＊7）

　もし、先ほどの1人の高校生が最初にこちらの論文を読んでいたとしたら、経済援助についてどのような考えを持ったで

しょうか。ものの考え方には、さまざまな側面があります。1つの主張だけを読み、あるいは1人の話だけを聞いて、その考えが正しいと思い込んでしまうのは極めて危険です。課題や問題について検討する場合には、その課題や問題に関するさまざまな本（や論文）を読み、多くの関係者の意見を聞くことが重要なのです。

＊7　佐藤仁「中国への対抗心にとらわれず『日本型援助』の強みを見出せ」
WEDGE、2021年4月号。

第6章

人口問題を考える

本書の最後に、人口問題について考えます。将来は不確実性に満ちているのですが、人口については比較的確かな未来を描き出すことができます。その人口についての確かな未来の姿は、かなり多くの課題に直面する未来となります。これに関連して「人口オーナス」という考え方を紹介します。人口変化のカギを握るのは、出生率の動きです。そこで、日本の出生率はなぜ低下してきたのかに関連して、特に若い人々にとって関心が高いと思われる、結婚と少子化の関係について考えます。さらに、そもそもなぜ少子化対策が必要なのかについても考えてみます。

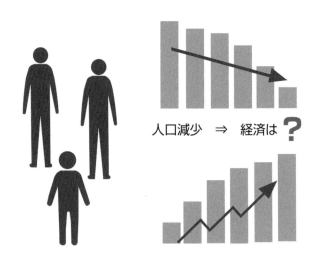

人口減少　⇒　経済は❓

1 日本の人口問題

▌人口問題は確かな未来の確かな課題

　人間は、将来のことを考える動物と言われています。明日、何が起きるのか、1年後の日本や世界はどうなるのか、誰もが知りたいと思っているはずです。

　例えば、就職を控えた学生の皆さんは、どのような産業や企業に将来性があるのかを知りたいと考えるはずです。しかし、残念ながら、それは誰にもわかりません。もし、ある時点で最も元気で人気がある産業や企業に入っても、実はその時がピークで、その後は停滞・衰退の一途をたどってしまうケースもよくあります。逆に、あまり人気のない産業や企業が急に伸びていくこともよくあります。要するに、将来のことはよくわからないのです。

　ところが、人口に関しては、将来の姿はかなりわかります。ある時点で、何歳の人が何人いるかは完全にわかっており、年齢層ごとの平均余命もわかるからです。すると、どのくらい子どもが生まれるかについての仮定さえ置けば、かなりの確度で人口の将来もわかるのです。人口の変化は「確かな未来」なのです。

　その確かな未来である日本の人口構造は、これから大きく変化するということもわかります。これは「確かな変化」です。

その人口の変化は、経済、社会、地域と大きく関係して、さまざまな問題を生みます。これは「確かな課題」です。人口問題は「確かな未来の確かな課題」だということです。そして、「確かな課題」がわかるのですから、その課題にできるだけ早く対応すべきだと私は思います。

▌これからの日本の人口変化

その確かな未来である日本の人口構造は、今後かなりドラスティックに変化することが明らかになっています。図 6-1 は、国立社会保障・人口問題研究が 2023 年 4 月に発表した最新ののの将来推計人口の出生率中位、死亡中位を示したものです。

この推計に基づいて、日本の人口の変化の姿を見てみましょう。日本の人口構造には今後次のような 3 つの大きな変化が現れます。

第 1 は、総人口が減ることです。

日本の人口は既に 2008 年頃から減少し始めていますが、今後さらに人口は減り続けることになります。「国勢調査」によると 2020 年の日本の総人口は 1 億 2,615 万人ですが、それが 2070 年には 8,700 万人まで減少すると予測されています。

第 2 は、子どもの数が減ることです。いわゆる「少子化」です。一般的に、総人口は年齢別に、年少人口（14 歳以下）、生産年齢人口（15 〜 64 歳）、老年人口（65 歳以上）の 3 つに分けられますが、図 6-1 を見ると、年少人口が全人口に占める比率は、2020 年の 11.9％から、2070 年には 9.2％に低下することがわかります。

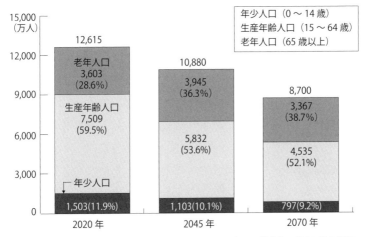

図6-1　日本の将来人口の姿　（　）の数値は総人口に占める構成比。（国立社会保障・人口問題研究所「日本の将来推計人口」2023年4月、死亡中位・出生率中位推計。2020年は同年の国勢調査）。

　第3は、高齢化の進展です。「高齢化」については、高齢者（老年人口）の「数」を問題にしているのか、それとも総人口に占める高齢者の「比率」を問題にしているのかをはっきり区別して考えることが必要です。通常、「高齢化が進む」というときには、人口に占める高齢者の比率が上昇することを指しています。図6-1から、人口に占める老年人口の比率は、2020年の28.6%から2070年には38.7%に上昇することがわかります。ただし、これはあくまでも「比率」の話であり、「数」で見ると高齢者の数が増えるわけではないことに注意が必要です。

┃日本の出生率の推移

　さて、以上の3つの変化のすべての原因は、出生率の低下、

つまり、新しく生まれる子どもの数が減ったことにあります。子どもの数が減るから少子化になり、やがては総人口も減少します。子どもの数が減ると、若い世代が次第に減少し、国民全体に占める高齢者の割合が高まるため高齢化が進みます。

次に、日本の出生率について考えてみましょう。図6-2を見てください。棒グラフが生まれた子どもの数、折れ線グラフが「合計特殊出生率」を示しています。「合計特殊出生率」とは、1人の女性が一生の間に平均何人の子どもを生むかを示す数字です。なお、以下では、「合計特殊出生率」を単に「出生率」と書くことにします。

最新のデータ（2021年）では日本の出生率は1.30です。1947年の出生率は4.5で、つまり女性は平均して4.5人の子どもを産んでいました。図6-2からその後の推移を見れば、戦後いかに少子化が進んできたかがわかります。

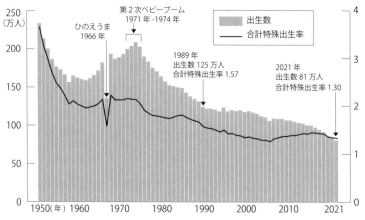

図6-2　出生数、合計特殊出生率の推移（厚生労働省「人口動態統計」）

人口の置き換え水準

　この「1.30」という出生率がどのようなレベルなのかを判断するために、「人口の置き換え水準」というものを考えます。「人口の置き換え水準」とは、出生率がそれ以上であれば人口が減らないというレベルの出生率のことです。

　「人口の置き換え水準」は国によって異なりますが、日本では2.07とされています。単純に考えれば、出生率が2であれば人口は減ることはありません。1人の女性が平均的に2人の子どもを生むと、そのうちの1人は女性ですから、その女性がまた2人子どもを生むということを繰り返していけば人口は減らないはずだからです。

　ただし厳密には、子どもを生めるような年齢に達する前に亡くなってしまう女性の分と、男性の出生数が女性よりもやや多いことをカバーする必要があるので、「人口の置き換え水準」の出生率は2よりも多少多い2.07となっています。

　1.30という日本の出生率は、この置き換え水準を大きく下回っています。つまり、現状のような出生率が続く限りは、日本の人口は減り続けることになるということです。

丙午（ひのえうま）と日本の人口の関係

　話はややわき道にそれますが、図6-2を見ると、日本の人口に気になる変化があることがわかります。それは、1966年に出生数が著しく下がっていることです。これは60年に一度巡ってくる「丙午」の年なのです。古来、日本には、丙午の年に生まれた女性は男性を不幸にするという迷信があり、その影響で、

1966年には実際に生まれる子どもの数が大きく減ったのです。

　迷信といってもその影響力は大きいと考えられます。次の「丙午」の年である2026年に、日本の出生率にどのような変化が起こるかは気になるところです。そこで、若い世代の考えを聞いてみることにしました。

　　高校生との対話

質　問　　今年は、1966年から60年後の2026年だとします。あなたは結婚しており、そろそろ出産をしたいと考えているのですが、今年は「丙午」の年に当たります。さて、あなたはどうしますか。以下の中から答えてください。
　　　　　①まったく気にしない。
　　　　　②信じてはいないが、何となく気持ちが悪いので出産予定をずらす。
　　　　　③今のところどうしていいかわからない。

結　果　　①31％
　　　　　②42％
　　　　　③27％

　著者解説

　「③わからないという人」を除くと、半分以上が「②念のためずらす」という答えです。質問をする前は、「気にする人も少しはいるだろう」と思っていたので、この結果にはちょっと驚きました。

このアンケート結果からは、2026年には「丙午」の迷信のせいで出生者数が大幅に減る可能性があることがわかります。2026年の出生率が大幅に下がるということは、その後の経済社会にかなり大きな影響を与えるかもしれません。例えば、中学・高校や大学受験のことを考えると、ライバルが少ないため有利かもしれませんが、受験者数が減れば進学塾は困ることになるでしょう。2026年はもうすぐそこまで来ています。読者の皆さんもどうなるのか注目してください。

▍出生率と結婚の関係を考える

　では、日本の出生率はどうしてこれほど低くなってしまったのでしょうか。経済学の標準的な考え方は、「女性の子育ての機会費用が高くなったから」というものですが、これについては第1章の「機会費用」で説明しましたので、ここではくり返すことはせず、以下では、若い人も関心が高いと思われる「結婚」との関係について考えてみます。

　結婚は出生率と強く関係しています。日本では、結婚したカップルが子どもを生むことが当然と考えられていて、結婚していないカップルから生まれた子どもの割合は全体の2.4%（2020年）に過ぎません。

　すると、少子化が進んでいる理由としては2つ考えられることになります。1つは、人々が結婚しなくなったことで、もう1つは、結婚したカップルが生む子どもの数が減ったことです。それぞれについて統計を使って調べてみましょう。

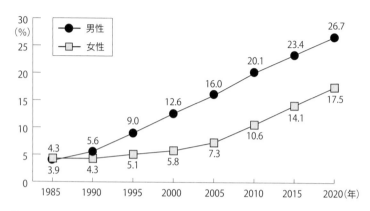

図 6-3　50 歳時の未婚割合の推移　50 歳時時点で一度も結婚したことのない人の割合。(国立社会保障・人口問題研究所資料)

「結婚」をしなくなった

　まず、結婚しなくなったかどうかを見るために、50 歳時点で結婚していない人の比率を 1990 年と 2020 年で比較してみると、男性は 5.6% から 26.7% に、女性も 4.3% から 17.5% に大きく上昇しています (図6-3)。

　次に、結婚した後生む子どもの数が減ったかどうかを見るために、夫婦の平均出生子ども数の推移を見ると、1972 年の 2.20 人から 2015 年の 1.94 人に減少しています (国立社会保障・人口問題研究所資料)。しかし、その変化の程度は、結婚しなくなったことほど大きくはありません。つまり、2 つの要因はともに少子化を進める方向に作用しているのですが、影響力としては結婚しなくなったことのほうが大きいのです。なぜ結婚する人が減ってきたのでしょうか。その理由を探るために、高校生を男女に分けて、それぞれに同じ質問をしてみました。

質　問　　将来、結婚するとしたら、相手はどのような人を望みますか。

　　　　　①学歴や収入が自分と同じか、または自分以上の相手。
　　　　　②学歴や収入が自分と同じか、または自分以下の相手。
　　　　　③学歴や収入は全く気にしない。
　　　　　④まだわからない。

結　果　　　　＜男子高校生＞　　　＜女子高校生＞
　　　　①　　　　0%　　　　　　　　71%
　　　　②　　　　8%　　　　　　　　0%
　　　　③　　　　69%　　　　　　　21%
　　　　④　　　　23%　　　　　　　7%

著者解説

　結婚相手に対する見方には男女でかなり明白な差があることがわかりました。女子は、「自分より学歴・収入が下の人」はほとんど結婚相手としてみていないようです。これは一般に「上方婚」と呼ばれています。男子は、「学歴や収入にこだわらない」ということですが、自分がそう思っているからと言って、女性も同じように考えているだろうと思うと、とんでもないことになるということがわかります。

▎男性にとっては厳しい世の中になってきた

　実は、同じような質問を大規模に行った調査結果があります。

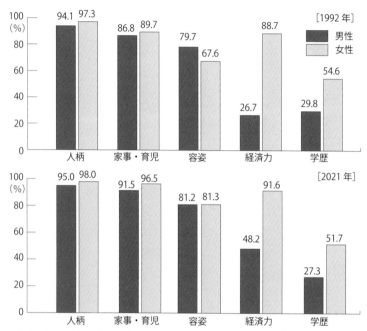

図6-4　結婚相手について重視する項目　それぞれの項目について「重視する」と「考慮する」の答えを合計した割合。家事・育児については1992年には調査されていないため、1997年調査を掲載。（出典：国立社会保障・人口問題研究所「出生動向基本調査2021年」）

国立社会保障・人口問題研究所の「出生動向基本調査」で、「いずれ結婚するつもり」と回答した18〜34歳の未婚者が、結婚相手についてどのような点を重視するかを聞いたものです。

　図6-4は、それぞれの項目について「重要」「考慮する」と答えた割合を見たものですが、これを見ると、1992年以降共通して見られるのは、男女ともに「人柄」が重視されていることです。「家事・育児の能力や容姿」も、双方がかなり重視し

ています。

　男性と女性で異なるのは、学歴や経済力です。女性のほうが相手の学歴や経済力を重視しており、特に経済力については、一貫して非常に高い割合になっています。いわゆる「上方婚」（＊1）です。この上方婚は、未婚者の増加傾向と関係している可能性があります。男女共同参画が進む中で、女性も男性と同じような学歴を持ち、収入を得るようになると、相対的に「自分より高学歴、高収入の男性」は減ってくるからです。

　ただし、1992年と2021年の調査を比較してみると、いくつかの違いがあることがわかります。まず、容姿については、女性も相手の容姿を重視するようになってきました。逆に、経済力については、男性が相手の経済力を重視する度合いが高まっています。これは、結婚相手に求めることが、男女で差がなくなってきたということであり、ある意味で男女共同参画社会に即した変化だとも言えます。

　以上をまとめてやや戯画化して言うと、男性は相手に「人柄が良く、容姿端麗で、家事・育児をしっかりやってくれる人」を望むのですが、女性は相手に「人柄が良く、容姿も良く、高学歴で経済力もある。さらに家事・育児にも積極的に参加してくれる人」を望んでいることになります。

　男性にとっては厳しい世の中になってきたということです。

▍なぜ少子化対策が必要なのか

　さて、日本では、さまざまな少子化対策が行われています。

＊1　【上方婚】自分よりも学歴や収入などが高い相手とする結婚のこと。

例えば、子どもがいる家計が受け取る「児童手当」は少子化対策です。出生率を引き上げて人口減少をストップさせるために「少子化対策」は行われていますが、高校生にその理由を聞いてみました。

質　問　　政府はさまざまな少子化対策に取り組んでいますが、なぜ、人口減少をストップさせなければならないのでしょうか？

回答Ａ　　人口が減ると税収が減ってしまい、国の存続が難しくなるからだと思います。

回答Ｂ　　労働力が減って生産水準が低下してしまうからだと思います。

回答Ｃ　　高齢者の割合が増えて社会保障費が多くなり、若者の負担が増えてしまうからではないでしょうか。

　ある高校生からは、「人口が減少しても、外国人を受け入れていけば問題ないのではないか」という意見も出ましたが、これに対しては、「外国人を受け入れることで治安が悪くなるかもしれない」という意見もありました。これはよくある議論ですが、差別的な議論になりかねないので注意が必要です。外国人の犯罪者比率が高いという前提で議論しているように見えるからです。確かに「危ない外国人」もいるとは思いますが、日本人にも「危ない人」は少なからずいます。「外国人は危なくて、日本人は危なくない」というステレオタイプの議論は避けたほうがいいと思います。

▌人口が減るのは困ったことなのか

さて、高校生に尋ねたことと同じようなことを調べた「世論調査」(＊2)の結果があります。

調査によると、まず、「人口が減ることは困ったことですか」という質問に対しては、ほとんどの人が「困ったことだ」と答えています。問題はその理由です。「人口減少はなぜ困ったことなのですか」という質問に対して、最も多い回答は、「年金や医療費の負担など社会保障に与える影響が心配」という意見です。次に多いのは、「働く人が減って経済がうまく回らなくなる」というものです。「商品やサービスを買う人が減るので、企業の売り上げが減ってしまう」という理由を挙げる人もいます。

このような意見や考え方については、多くの人が「なるほど」と思うかもしれません。しかし、私はそうは思いません。

例えば、「若い人が減って、負担する人が減ると社会保障が維持できなくなる」ということは、その通りなのですが、では私たちは、社会保障を維持するために子どもを生むのでしょうか。「働く人が減るのは困ったこと」です。でも、経済が回らなくなるからもっと子どもを生めということなのでしょうか。

よく考えてみればわかるように、これは話が逆転しているのです。なぜなら、社会保障は人々を幸せにするためにあるのであって、社会保障を維持するために人々が生きているわけではないからです。また、経済は人間のためにあるのであって、経済のために人間がいるわけではないからです。

＊2　内閣府「人口、経済社会等の日本の将来像に関する世論調査」(2014年)。

なぜ少子化対策が必要なのか。このことは最後にもう一度考えましょう。

2 人口オーナスとは？

▌人口ピラミッドの推移

　次に、人口の変化が経済社会にどんな影響を及ぼすかを考えるために、「人口オーナス」という考え方を説明します。

　図 6-5 は、人口ピラミッドです。①は人口が増えているときのピラミッドです。人口が増えているということは、生まれる子どもの数が多いということですから、ピラミッドの底辺が横に伸びた形となり、正三角形の人口ピラミッドになります。

　その後、少子化が始まって子どもの数が減っていくと、底辺

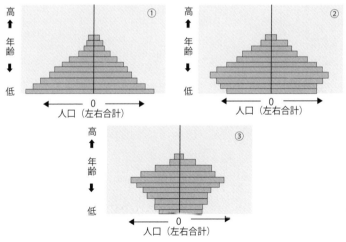

図6-5　人口ピラミッドの推移（出典：内閣府「世界経済の潮流2010年」）

がだんだん狭くなっていきます（②）。狭くなっていって、しばらく経つと③で示すような人口ピラミッドになります。

②の段階では、人口の中で働く人が多いという状況になり、働く人が多いので経済はうまく回るようになります。この時期は「人口ボーナス」と呼ばれています。人口が経済全体にボーナスをくれるようなものだというわけです。日本の場合は、1960年代半ばから70年代初めの高度成長期がちょうどこの人口ボーナスにあたる時期でした。

ところが、さらに時間が経つと、働いていた人たちがより年齢が上の層に移っていきます。そうすると③のような逆三角形になってきます。高齢者が増えて、働く人は減っていってしまうのです。この時期は「人口オーナス」と呼ばれます。「オーナス（onus）」とは「重荷」という意味です。つまり、人口が経済社会の重荷になるわけです。

▍人口ボーナスから人口オーナスへ

人口ボーナスと人口オーナスの動きは、「従属人口指数」を見ることによって知ることができます。「従属人口指数」とは、生産年齢人口（15〜64歳）を分母にして、それ以外の人（年少人口と老年人口の合計）を分子にしたものです。生産年齢人口の人が働く人だと考えると、この比率が下がると、人口に占める働く人の割合が高まる「人口ボーナス期」、この比率が上がると「人口オーナス期」ということになります。

図6-6を見ると、日本は1990年頃から「人口オーナス期」に入っており、その前の1955年から1970年ぐらいのところ

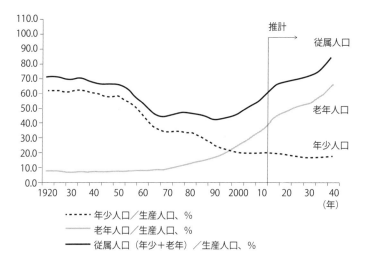

図6-6　人口ボーナスから人口オーナスへ（出典：国立社会保障・人口問題研究所「日本の将来推計人口」（2012年1月）の中位推計。2005年以前は、同所Webサイト掲載の「人口統計資料集」2013年版）

が「人口ボーナス期」だったということがわかります。

　国連の人口予測をもとに国際比較をすると、やがて日本は世界で最も人口オーナスの度合いが大きい国になると考えられています。人口に占める働く人の割合が世界で最も低い国になるということです。そうすると、日本は、世界で最も「女性・高齢者・外国人を活用する国」でなければならないことになります。また、労働移動を柔軟にして、効率的な分野にどんどん人が移動したほうがいいということです。さらに、年金の支給開始年齢をもっと引き上げる必要があります。なるべく年齢が高くなるまで働いてもらって、年金を受け取るのは後にすることが必要になるということです。

やはり、人口は確かな未来の確かな課題

　では、日本の現実は実際にそうなっているでしょうか。女性の社会参加についてはまだ世界の中で遅れています。外国人をもっと増やして働いてもらいましょうという話になると、治安が心配だからと言って嫌がります。働き方も、いったん入社した企業に定年まで働き続ける人が多いので、労働の移動が極めて少ないのが現状です。年金の支給開始年齢が日本よりも遅い国は、世界にはいくらでもあります。

　冒頭で説明したように、人口は確かな未来の確かな課題であり、これからこのようなさまざまな課題が出てくることは明らかですが、なかなかその対応が進んでいないのが現状です。

　そもそも人口が減るとさまざまな難しい問題が出てくるのですが、これはすべて人口オーナスが原因だと言えます。人手不足になるのは、まさに働く人が減るからです。社会保障が行き詰まるのも人口オーナスのせいです。日本の社会保障制度は、現在働いている人が負担をして、現在の高齢者を支えるという仕組み（これを「賦課方式」と言う）になってますから、働いている人が少なくなってくると、働く人の負担がどんどん上がってしまうのです。

3 「人口1億人目標」を考える

なぜ「人口1億人」なのか

　最後に、これからの人口がどうなるかということを、「人口1億人目標」との関連で考えてみます。

　日本政府は、2014年に「人口1億人目標」を掲げています。日本の人口は、現在約1億2500万人（2022年12月）ですが、この人口が減少していくのを、約1億人でストップさせようというのです。

　「人口1億人目標」は、出生率との関係で見ると、仮に2030年から2040年頃に出生率が人口置き換え水準（2.07）まで回復すれば、2060年頃に総人口1億人程度を確保できるという計算になります。つまり、人口1億人を目指すということは、2030〜40年には出生率を2.07にするという目標を掲げているのと同じことになります。

　この「人口1億人目標」については、私はいくつかの疑問を持っています。

　その1つは、そもそも、なぜ「1億人」なのかということです。よく考えてみるとすぐにわかるように、1億人そのものにはあまり意味はありません。要するに、たまたまキリがいいからというだけのことです。

　また、何よりも問題なのは、それは頑張れば達成できるのだ

ろうかという疑問です。今後の人口についての標準的な予測で
は、2070年には人口が約8,700万人と、現在の約3分の2ま
で減少します。一方、2030年までに合計特殊出生率が2.07に
回復すれば、40年後に1億人程度で人口減少がストップしま
す。つまり、人口減少を食い止めようというのであれば、どこ
かの時点で出生率を2.07にしなければなりません。出生率が
2.07以下である限り、人口は永遠に減り続けます。そして、2.07
に達するのが早ければ早いほど、高いレベルで人口減少はス
トップすることになります。2030〜40年頃までに出生率を
2.07にしなければ、1億人の人口を維持することは困難です。

　「人口1億人目標」を実現するために、政府は2014年の時
点で「2020年に出生率1.6、2030年に1.8、そして2040年に
2.07」という経路を想定していました。しかし、2020年は既
に過ぎており、1.6という目標は実現できませんでした。

▍「希望出生率1.8」達成も難しそう

　次は、「2030年に出生率を1.8にする」という目標ですが、
この1.8という数字には意味があります。1.8は「希望出生率」
です。「希望出生率」とは次のようなものです。

　既に説明しましたが、少子化には、結婚する人が減ったこと
と、結婚後に生まれる子どもの数が減ったことの2つの理由が
考えられます。そこで、結婚したい人は全員結婚し、さらに、
結婚した後希望する子どもの数がすべて生まれると仮定したら
どうでしょうか。この仮定のもとでの出生率が「希望出生率」
です。計算すると「希望出生率」は1.8になります。

しかし、新型コロナが流行中の 2021 年の調査で、そもそも結婚したいと思う人が減少し、生みたいと思う子どもの数が減少していることがわかりました。2021 年のデータをもとに再計算すると、希望出生率は 1.6 に低下しています。つまり、現時点では、すべての人の希望がすべて満たされたとしても、出生率は 1.6 にしかならないのです。

　この傾向が続く限り 2030 年の出生率 1.8 という目標はかなり難しいでしょう。さらに 2040 年の出生率 2.07 という目標もほとんど達成は無理だと考えられます。

　要するに、「人口 1 億人目標」の達成は不可能だということです。

▍もう一度考える 「なぜ少子化対策が必要なのか」

　人口について一通りの議論を終えたところで、「なぜ少子化対策が必要なのか」という問題をもう一度考えてみましょう。私は、次の 2 つの理由でやはり少子化対策は必要だと考えています。

　1 つは、第 1 章で述べた「外部性」の存在です。子どもの数が増え、世の中で暮らす人々の数が増えることは、経済や社会全体にプラスに働きます。例えば、学校で学ぶ生徒・学生の数が増えれば、皆がお互いに切磋琢磨することになり、社会性をはぐくむうえでプラスの効果をもたらします。働く人の数が増えれば、より個性にあった仕事の配分が可能になります。研究者の数が増えれば、技術革新も進みやすくなるでしょう。近所で暮らす住人が増加すれば、地域コミュニティーも生まれや

すくなります。

　第1章で述べましたが、何もしないでいると、外部性を持つものは世の中に出にくくなってしまいます。「家族の幸せのために子どもを持とう」という人はたくさんいますが、「社会全体のために子どもを持とう」と考える人は少ないからです。

　このギャップを埋めるためには、国がある程度お金を使って、子どもを生み・育てやすい環境を整備し、少子化の流れを少しでも食い止めることが必要です。

　もう1つは、前述の希望出生率に関係します。コロナ後の希望出生率は1.6程度だと考えられますが、現実の出生率は1.3ですから、かなり差があります。つまり、国民の希望は満たされていないのです。結婚したいのに結婚できない人、もっと子どもを持ちたいのに持てないカップルが相当多く存在するのです。こうした希望をできるだけ満たすようにすることは、国民の幸せをより高めようとすることですから、政策的にも推進すべきだと思います。

　さらに、外部性のことを考えると、この希望出生率そのものをさらに高めていく必要があるでしょう。安心して結婚し、しっかりした生活基盤を築けるような経済にし、結婚や子育てにフレンドリーな社会をつくっていけば、結婚したい人が増え、持ちたいと思う子どもの数も増えるのではないでしょうか。

▎「人口減少と共存するような社会」を目指して

　しかし、少子化対策を講じたとしても、少なくとも今後数十年は、人口減少そのものをストップさせることは難しいと思わ

れます。

　日本はこれから人口が減るということを前提にして、人口が減っても国民が不幸せにならないような社会を築いていくことを考えたほうがいいと思います。人口減少と共存するような社会をつくっていくべきなのです。

　では、人口減少と共存するような社会とはどのような社会でしょうか。ここでは経済が成長する（人々がより豊かになる）という点に絞って考えてみます。

　しばしば「人口が減るのだから経済成長率はマイナスになってしまう」と言われることがありますが、必ずしも正しくありません。日本の人口が減り始めたのは2008年ですが、その後も経済は、リーマンショックやコロナショックの大きな落ち込みを除けば、平均すると1％程度の経済成長を続けています。人口が減っても経済は成長しているのです。

　その理由は、生産性（国民1人当たりが価値を生み出す能力）が上昇しているからです。現在の日本の人口減少率は0.5％前後ですが、生産性はそれ以上に上昇しているのです。人口が減って経済規模が拡大しているのですから、1人当たり所得は確実に増加しています。

　生産性がどの程度上昇するかは、私たちの努力と工夫次第です。働く人一人ひとりの能力が高まり、新しい技術が開発され、企業が積極的に魅力的なモノやサービスを生み出していくことが重要なのです。

　考えてみればこれは至極当然のことです。私たちがそれまでより価値の高いものをつくり出していかない限り、私たちの生

活は豊かにはなりません。生産性の向上はいつの時代でも重要な課題です。人口減少に転じている今日の日本では、それがますます重要になってきているのです。

あとがき

　本書を終えるにあたって、2つのバランスについて考えてみたいと思います。

　1つは、「わかりやすい」ということと「真実かどうか」ということのバランスです。私は、この本を経済学を知らない人にもわかるように、できるだけ「わかりやすく」書こうとしました。読者の方が「わかりやすい」と感じていただければ嬉しいのですが、ここで注意して欲しいのは、「わかりやすいこと」と「中身が正しいこと」は別だということです。もちろん「正しいことをわかりやすく説明する」のがベストなのですが、世の中には「間違ったことをわかりやすく説明する」という場合もかなり多いので、注意して欲しいと思います。

　もう1つは、「温かい心（warm heart）」と「冷静な頭脳（cool head）」のバランスです。イギリスの経済学者のアルフレッド・マーシャルという人は、大学の卒業生に向けたスピーチの中で「冷静な頭脳をもって、しかし温かい心情をもって "with cool heads but warm heart"、学窓を出て行きますように」と言っています。

　温かい心で、経済社会にあるいろいろな問題を意識し、それを解決しようと考えることは重要なことです。しかし、気持ちさえ温かければ問題が解決するわけではありません。「どうし

てそういう問題が起きるのか」「解決のためのオプションには
どんなものがあるのか」「解決のためにはどの程度の費用が必
要なのか」など、冷静な頭脳で考えることが必要です。くれぐ
れも「冷たい心と、ホットな頭脳」という組み合わせにならな
いようにしてください。

　「まえがき」でも述べましたように、この本は私が早稲田塾
で毎年行ってきた、高校生向けの経済学の入門講座が元になっ
ています。この講座では、私は教えるだけではなく、「なるほ
ど若い人たちはこんな風に考えるのか」「この点についてはもっ
とうまく説明する必要があるな」などなど、ずいぶん多くのこ
とを学びました。私の講義を熱心に聴講し、私が課した課題や
問いかけに真剣に答えてくれた高校生の皆さん、ありがとうご
ざいました。

　その早稲田塾の白石恒生さん・木邨里恵さん・荻島亜矢子さ
んは、毎年の塾での講義を企画・運営し、進行役を務めて私と
高校生の皆さんとの橋渡しをしてくれました。また、本書は、
もう 30 年以上もお付き合いいただいているベテラン編集者の
堀岡治男さんのお勧めによるものです。堀岡さんは、本書を企
画するだけでなく、私の草稿を丁寧に読んで、多くのアドバイ
スをしてくれました。元東京書籍出版事業部長の内田宏壽さん
は、早稲田塾での私の講義を文字起こしし、本全体のデザイン
を考え、親しみやすい挿絵を準備してくれました。これら本書
の出版を後押ししていただいた方々に感謝します。

私はいつかエコノミストとしての私の長い経験を生かして、「思い切り基礎的な経済の本を書いてみたいものだ」と思っていたのですが、その思いが本書によってかなえられ、感慨深いものがあります。本書を手に取り、最後までお読みいただきありがとうございました。

2023 年 5 月

小峰隆夫

小峰 隆夫（こみね　たかお）

1947 年、埼玉県生まれ。1969 年東京大学経済学部卒業後、同年経済企画庁に入庁。経済企画庁経済研究所長、物価局長、調査局長などを歴任。2001 年国土交通省国土計画局長に転じ、2002 年に退官。退官後は法政大学教授や大正大学教授。2020 年『平成の経済』（日本経済新聞出版）で読売・吉野作造賞受賞。公益社団法人「日本経済研究センター」研究顧問。
＜おもな著書＞『日本経済の構造変動』（岩波書店・2006 年）／『日本経済論の罪と罰』（日本経済新聞出版・2013 年）／『日本経済に明日はあるのか』（日本評論社・2015 年）／『平成の経済』（日本経済新聞出版・2019 年）など多数。

装丁　　　長谷川理
イラスト　後藤知江
編集協力　堀岡治男
編集　　　内田宏壽

世の中の見方が変わる経済学
——常識のワナに陥らないために——

令和五年七月五日　第一刷発行

著者　　　小峰隆夫（こみねたかお）

発行者　　渡辺能理夫

発行所　　東京書籍株式会社
　　　　　〒一一四-八五二四　東京都北区堀船二-一七-一
　　　　　電話　〇三（五三九〇）七五三一（営業）
　　　　　　　　〇三（五三九〇）七五二六（編集）

印刷・製本　図書印刷株式会社

定価はカバーに表示してあります。
乱丁・落丁の場合はお取り替えいたします。
本書の内容を無断で転用することはかたくお断りいたします。